TYPEN

DIE TYPOLOGIE DER AGENTURFÜHRUNG

© 2016 by New Business Verlag GmbH & Co. KG, Hamburg

Erste Auflage 2016

ISBN 978-3-936182-58-3

Druckerei: Lehmann Offsetdruck GmbH, Norderstedt
Papier: IGEPA Profibulk 1.3, 135g/m^2
Printed in Germany

Für Jenny, Mia und Linus –
und meine anderen Lieben aus der Kemper-Jansen-Familie

INHALTSVERZEICHNIS

Was macht gute Agenturführung aus? Führende Agentur-Chefs
bringen es mit einem Tweet auf den Punkt.
Die Typen von:

GASTBEITRÄGE

Menschen dirigieren

Warum gute Führung nichts mit Macht zu tun hat.

Von Michael Matthiass

Who the f***?

Wer ist der beste Agenturführungsnachwuchs und warum?

Von Dörte Spengler-Ahrens

Geschäftsführerin Kreation Jung von Matt/ Elbe und im

Vorstand des Art Directors Club für Deutschland (ADC) e.V.

Hier stehe ich, ich kann nicht anders

Was einen Führer erfolgreich macht.

Von Reinhard Springer

Führung bedeutet Berührung

Wie man magische Momente kreiert.

Jörn Wolf

Typen und Prototypen

Was Kunden von Agenturen erwarten.

Nils Wollny

Herzlichen Dank an das Buch-Team

· Anja Kruse-Anyaegbu / New Business Verlag / Projektmanagement

· Studio Belser
  Martina Belser / Bildbearbeitung
  Tim Belser / Art Direction

· Sina Görtz / Fotografie

· Geraldine Schröder / Art-Buying

GRUSS VOM VERLEGER

Liebe Leserinnen, liebe Leser,

in jeder Branche gibt es faszinierende Größen - sie treiben und prägen ihre Branche und manchmal auch noch andere. Die Werbe-agentur-Landschaft ist in dieser Hinsicht etwas ganz Besonderes - hier wird nicht nur für den eigenen Erfolg gearbeitet. Der ist nämlich erst gesichert, wenn der Agentur-Kunde Erfolg hat - und zwar langfristig sowie nachhaltig.

Werber müssen dem Kunden dienen, dürfen dabei aber nicht zum Erfüllungsgehilfen werden. Werber müssen den Konsumenten ver-stehen, dürfen aber nicht ihr Freund werden.

Werber sind wie Marathon-Läufer, die ständig 100-Meter-Sprints gewinnen müssen - sonst wird aus der besten Kampagnen-Idee (leider) nur eine Reihe von mittelmäßigem Output.

In diesem Buch stellt Wulf-Peter Kemper nicht nur die Führungs-Philosophie erfolgreicher „Macher" aus der Agentur-Landschaft vor. Er geht einen Schritt weiter und skizziert zehn Führungs-Proto-TYPEN. Durch diese „Typologie" (die Leser können nun herausfinden, zu welcher Typ-Variante sie gehören und wie ihre eigene Agentur-führung aufgestellt ist) bekommt sein Buch einen einzigartigen „touch" – der sich auch im „look" widerspiegelt.

Wulf-Peter Kemper ist es gelungen, in diesem Buch die Faszination der Werbe-Branche sichtbar zu machen – nicht anhand der preisge-krönten Kampagnen, sondern über die erfolgreichen Macher.

Ich habe mich sehr gefreut, dass Wulf-Peter Kemper seine Buch-Idee mit unserem Verlag realisiert hat, dass wir uns bei seinem Buch-Projekt einbringen durften.

Ich wünsche einen Lese-Genuss mit spannenden Einblicken in die Welt der „Werbe-TYPEN"

Peter Strahlendorf
Verleger & Herausgeber von new business

VORWORT

Liebe Leser,

Ende der achtziger Jahre habe ich bei „Text intern" mein Handwerk als Journalist gelernt und dann einige Jahre lang über die Werbung in Deutschland geschrieben, vor allem natürlich über Werbeagenturen und ihre Manager. Geprägt war und beherrscht wurde die Szene damals von den amerikanischen, in geringerem Maße den britischen und später französischen Reklamefabriken. Charismatiker und Kaventsmänner aber prägten schon zu jener Zeit die hiesige Szene: Leute wie der bullige Ingo Zuberbier (Lintas), der weltgewandte Willi Schalk (BBDO) oder der ausgefuchste Rolf Homann (Wilkens Ayer), und dann gab es die Strategen vom Kaliber eines Lothar Leonhard (Ogilvy & Mather) und Bernd M. Michael (Grey).

Sie alle haben nicht nur dafür gesorgt, dass die Werbung jene Bedeutung und jenen Rang in der Wirtschaft erlangte, der ihr heute zukommt, sondern auch dafür, dass sich eine lebendige und frische Gründerszene entwickeln konnte, die in puncto Schwung und Munterkeit einen Vergleich mit der heutigen Digitalwirtschaft nicht zu scheuen braucht: Junge Unternehmer traten auf den Plan, Werber wie Thomas Rempen oder Anton Hildmann, Fred Baader, Uwe Lang und Wolfgang Behnken, ideenreiche Marketing- und findige Geschäftsleute, echte Typen allesamt. Und natürlich waren da Reinhard Springer und Konstantin Jacoby, die mit ihrer Agentur binnen kürzester Zeit ein Renommee erreichten wie keine deutsche Werbeagentur je zuvor. Nicht nur durch ihre überlegene Schöpferkraft, sondern auch vermittels ihres Unternehmergeistes verliehen sie der hiesigen Gilde eine innere Kraft und starke Moral.

Ein langes Leben war ihrer Agentur freilich nicht beschieden, 2010 meldete der fachfremde Eigner, in dessen Hände sie gefallen war, Insolvenz an, nur 31 Jahre wurde sie alt. Ihr Niedergang hatte mit dem schrittweisen Rückzug ihrer Gründer aus dem Tagesgeschäft begonnen und sich mit der Unerbittlichkeit eines Naturereignisses fortgesetzt, nachdem diese den Restbestand ihrer Firmenanteile verkauft und auch ihre Nachfolger das Unternehmen aus unterschiedlichen Gründen verlassen hatten. Doch selbst das jämmerliche Ende, das Springer & Jacoby fand, hielt noch eine Lehre für die Nachwelt bereit: dass starke Führungspersönlichkeiten durch keine Tricks der Welt ersetzt werden können.

Bis heute ist aber der Einfluss dieser Agentur gegenwärtig geblieben - angefangen bei Jung von Matt über Kolle Rebbe, Heimat und Thjnk bis zur Digitalfirma Torben, Lucie und die gelbe Gefahr. Wie in kaum einer anderen Branche sind der Einfluss und das Gewicht ihrer Macher so groß, so ausgeprägt und so greifbar wie in der Werbung. Kommunikation ist Menschengeschäft, und ich freue mich, dass Wulf-Peter Kemper endlich die längst fällige Typologie der Agenturführung vorlegt.

Klaus Boldt
Chefredakteur BILANZ

EINLEITUNG

Liebe Leserin, lieber Leser,

dieses Buch ist eine Abkürzung. In wenigen Stunden wissen Sie, was Agenturen erfolgreich macht. Ich selbst habe dafür - zumindest in dieser Klarheit - fünfundzwanzig Jahre gebraucht.

Besonders erleuchtend waren die letzten achtzehn Monate. In dieser Zeit habe ich intensiv mit Programmierern in „Palo Altona" in Hamburg gearbeitet. Diese Erfahrungen waren die finale Meile auf dem Weg zur absoluten Gewissheit: Ob Klassik-Schmiede, Digital-Boutique oder Techy-Bude - es sind immer die gleichen Persönlichkeitsmerkmale und Charaktereigenschaften der führenden Personen, die den Agenturerfolg bestimmen. Die TYPEN in der Führung machen den Unterschied.

Auf den folgenden Seiten skizziere ich die Typologie der Agenturführung. Das heißt, ich beschreibe die Persönlichkeitsmerkmale und Charaktereigenschaften - sprich die Kernstärken - von zehn unterschiedlichen TYPEN, die in der Führungsriege der Agentur in Summe vorhanden sein sollten. Das bedeutet natürlich nicht, dass die Führung der Agentur immer zehn Leute umfassen muss. Jede Führungs-persönlichkeit kann einen oder mehrere TYPEN repräsentieren.

Das Buch ist weder eine wissenschaftliche Abhandlung noch Hobby-Psychologie. Es ist ein Selbsterfahrungsbericht für alle, die sich damit beschäftigen, ob ihre Agentur(-führung) in Zukunft überhaupt eine Chance auf Erfolg hat. Die folgenden Seiten richten sich somit an Gründer, Inhaber, Chefs, Mitarbeiter, Bewerber und Auftraggeber von Agenturen im Bereich der Marketing-Kommunikation.

In der Marketing-Kommunikation geht es im Kern immer um das „Werben". Ob online oder offline, ob verbal oder non-verbal, ob direkt oder indirekt - wir werben darum, jemanden zu einem gewünschten Verhalten zu bewegen. Immer mehr Unternehmen, Marken und Menschen werben: Beachte mich, lies mich, like und liebe mich, klick mich, kauf mich, beurteile mich, verbessere mich, verbreite mich. Werbung ist out? Schwachsinn. Sie geht erst richtig los! Und dabei wird sie immer vielschichtiger - inhaltlich, medial und technologisch. Deshalb braucht die Branche gute (Führungs-)TYPEN. Die alten TYPEN, deren Erfahrung, Know-how und Charisma das Bedürfnis nach Sicherheit und Orientierung befriedigen. Und die jungen TYPEN, die uns mit ihrer frischen Energie und ihren neuen Sichtweisen und innovativen Tools den Weg in die Zukunft weisen.

Als Ergänzung zu meinen Gedanken und Erfahrungen lüften im
zweiten Teil des Buches herausragende TYPEN ihr Geheimnis erfolgreicher Agenturführung. Sie geben eine Antwort auf die große
Frage „Was macht gute Agenturführung aus?". Und zwar im Twit-
ter-Format mit nur einhundertvierzig Zeichen. Das Ergebnis ist
Führungs-Philosophie *Reduce to the Max.*

Darüber hinaus beschreiben zehn weitere spannende TYPEN der
Branche aus ihrer ganz persönlichen Perspektive und Erfahrung
in einem Gastbeitrag, welche Führungsqualitäten heutzutage ge-
fordert sind.

Viel Spaß beim Lesen - und natürlich beim Reflektieren: Was für
ein Typ bin eigentlich ich?

Wulf-Peter Kemper
Im Februar 2016

DIE TYPOL
AGENTUR

OGIE DER FÜHRUNG

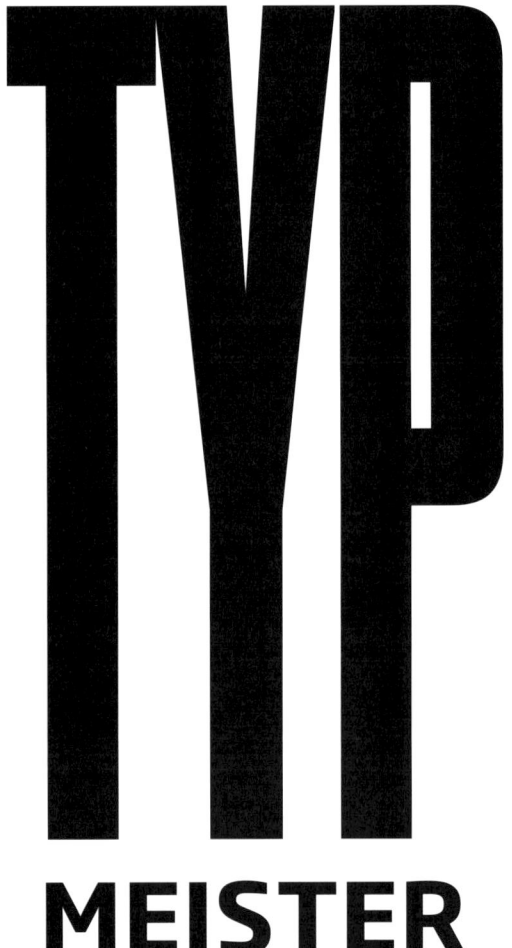

Im Handwerk gibt es den Meisterbrief. Die Urkunde ist Beleg und Auszeichnung zugleich für die langjährige Erfahrung und die wahrhaftig erworbenen Fähigkeiten des Meisters. „Da muss der Meister ran", heißt es im Volksmund - wenn es richtig gut oder noch besser werden soll.

Jede Agentur braucht ihren Meister. Die Frau oder den Mann, der für die Qualität des Agenturproduktes steht. Der Agentur-Meister kann es wie kein zweiter. Und wenn es darauf ankommt, geht er oder sie höchstpersönlich zu Werke.

WARUM IST DER OPERATIV AKTIVE MEISTER FÜR DEN NACHHALTIGEN AGENTURERFOLG WICHTIGER DENN JE?

Erstens. Auftraggeber erwarten heutzutage, dass der Meister der Agentur mit am Tisch sitzt und operativ eingebunden ist. Sie geben der zweiten und dritten Hierarchie-Stufe nicht wirklich die Chance, sich zu beweisen. Und sie wollen auch keine Frühstücks-(Kreativ-)Direktoren mehr, die unreflektiert wiedergeben, was Teamassistentinnen und Kreativ-Teams beflissen auf den Chef-Laufzettel geschrieben haben.

AUF AUFTRAGGEBER-SEITE WIRD AUF DEN CHEF-ETAGEN WIEDER OPERATIVER, HEMDSÄRMELIGER UND PRODUKTNÄHER GEARBEITET.

Und zwar deswegen, weil alle von Steve Jobs gelernt haben, dass das Produkt mehr denn je Chef-Sache ist. Der Apple-Gründer hat vor der Einführung des iPhones jeden einzelnen Klingelton persönlich ausgewählt. Diese Einstellung, diese Liebe und Leidenschaft zum Detail verlangen die Auftraggeber auch von ihren Agenturen.

Zweitens. Der größte und stärkste Magnet für junge Talente ist der respektierte und anerkannte Meister. Er oder sie steht für ein kreatives Produkt, mit dem sich die jungen Kollegen identifizieren können und wollen. Der Meister ist ihr Vorbild. Natürlich gibt das kein Kreativer nüchtern zu. Meist erst auf den letzten Sprossen

der Karriereleiter outen sich die Leute: „Ohne Jacoby wäre ich nicht
da, wo ich bin …", „Das alles habe ich Jean-Remy zu verdanken …",
„Amir hat mich so lange gequält, bis es richtig gut war …" und so weiter.

DIE MENSCHEN WOLLEN ETWAS LERNEN. UND SIE WOLLEN, DASS DA JEMAND IST, DER IHNEN ZEIGT, WIE ES GEHT. DER IHNEN EINEN WEG WEIST, WIE ES NOCH BESSER WERDEN KANN. DER SIE FORDERT UND FÖRDERT.

Besser zu werden, macht Spaß und ist cool. Daran hat sich auch im
digitalen Zeitalter und neuen Jahrtausend nichts geändert.

Drittens. Durch die Digitalisierung ist die mögliche Angebotspalette von Agenturen unendlich breit geworden. Die neuen Möglichkeiten sind faszinierend, aber auch gefährlich.

Denn Agenturen fangen an, sich zu verzetteln. Sie bieten Leistungen an, die sie gar nicht beherrschen. Selbstbewusst positionieren sie sich als „Full-Service-Agentur".

Eine Agentur-Gruppe, wie zum Beispiel die Serviceplan Gruppe mit ihren vielen Spezial-Agenturen, kann dem Full-Service-Anspruch vielleicht noch gerecht werden. Aber eine Agentur, als einzelne Gesellschaft, ob mit zehn, zwanzig oder hundertfünfzig Mitarbeitern, macht sich mit dem Versprechen „Full-Service-Agentur" unglaubwürdig.

ES IST WICHTIGER DENN JE, KLAR UND DEUTLICH ZU SAGEN UND ZU BELEGEN, WAS DIE AGENTUR WIRKLICH GUT KANN. WAS GENAU IST DAS ENDPRODUKT DER AGENTUR?

Das ist die ultimative Frage. Und da kommt wieder der Meister ins Spiel. Worin ist er oder sie wirklich meisterlich?

Viertens. Ebenso bedingt durch die Möglichkeiten der Digitalisierung gewinnt die Realisation immer mehr an Bedeutung. Die Realisation beansprucht immer mehr Zeit, mehr Budget und handwerkliche Expertise. Es kommt die Ära der realisationsstarken Kreativen.

DIE WAHRHEIT IST, DASS ES MEHR KREATIVE GIBT, DIE GROSSE IDEEN GEBÄREN, ALS SOLCHE, DIE DIESE IDEEN HERAUS-RAGEND REALISIEREN KÖNNEN.

Das gilt insbesondere für die technologiebasierte Kreation. Die Rollboy-Schubladen der Kreativen sind voll mit guten Digital-Ideen. Da verenden diese auch, weil die Agentur keinen Realisations-Meister hat.

Es gibt einfach zu wenig Handwerkskunst. Nicht ohne Grund sagt der ADC New York, dass wir die handwerkliche Exzellenz wieder mehr würdigen müssen.

Nur das, was der Meister wirklich gut kann, sollte auch das Angebot der Agentur sein. Oder anders: Grundvoraussetzung für den Agenturerfolg ist, dass die Fähigkeiten des Meisters mit der Positionierung der Agentur im Einklang stehen.

Mal ehrlich! In welchem Bereich kann die Agentur ein herausragendes Produkt herstellen?

	PROAKTION >	INTERAKTION >	TRANSAKTION >
ZIELE	WAHRNEHMUNG	BEZIEHUNG	KAUF / CONVERSION
	PROFILIERUNG & AKTIVIERUNG		
MASSNAHMEN	· BRANDING · SPONSORING · MASS MEDIA · LITERATUR · PR	· CRM / DM / LOYALTY · WEBSITES / APPLICATIONS · SOCIAL MEDIA · CONTENT-MARKETING · EVENTS	· ECOMMERCE-PLATFORMS · AFFILIATE MARKETING · SOCIAL-COMMERCE · POS-COMMUNICATION · PROMOTIONS

Oft wird der Meister in der Agentur missbraucht, Leistungen zu erbringen, die er gar nicht oder nur mittelmäßig erbringen kann. Das bringt zwar kurzfristig Honorar in die Agenturkasse, führt jedoch mittelfristig zum Abstieg in die zweite oder dritte Liga. Und zwar in allen für den Agenturerfolg relevanten Dimensionen.

Am Beispiel der berühmten „4K", die Erfolgsmessung von Springer & Jacoby, passiert nämlich Folgendes: Das „K für Kreation" (die Qualität des Agenturproduktes) stürzt ab, weil die Fähigkeiten fehlen. Daraufhin leidet das „K für Kunde" (die Kundenzufriedenheit). Die schlechte Kreation und der unzufriedene Kunde drücken auf das „K für Kultur" (die Laune und Zufriedenheit der Mitarbeiter). Das summa summarum wirkt sich dann ganz schnell auf das „K für Kasse" (Agenturfinanzen) aus. Und wenn weniger Geld in der Kasse ist, dann ist auch weniger Geld für gute Mitarbeiter da. Spätestens jetzt geht es mit der Agentur bergab. So weit wird es nicht kommen, wenn der Meister macht, was er meisterlich kann. Es ist die beste Voraussetzung dafür, dass sich alle der „4K" im grünen Bereich bewegen.

HAT DIE AGENTUR ÜBERHAUPT EINEN MEISTER?

Da es in der Marketing-Kommunikation keinen Meisterbrief gibt oder irgendeine andere mehr oder minder objektive Qualitätsinstanz, ist diese Frage nur bedingt zu beantworten. Schließlich kann die Agentur nur selbst einschätzen und bewerten, was ihre Meisterlichkeit ausmacht.

Einige meinen, es an ADC Nägeln, Cannes Löwen oder Effies festmachen zu können. Die anderen belegen ihre Qualität mit Markt-
anteilsgewinnen des Kunden, mit der Profitabilität der Agentur
oder mit der Menge ihrer Presseveröffentlichungen.

Viel wichtiger als diese Erfolgswährungen ist zunächst die scho-
nungslose Bewusstmachung der Situation, ob die Agentur einen
wirklichen Meister beschäftigt.

„WIR, DIE AGENTUR, HABEN EINEN WAHRHAFTIGEN MEISTER, AN DEN DIE FÜHRUNG UND ALLE MITARBEITER GLAUBEN. UND ER MACHT AUCH NUR DAS, WAS ER KANN - GEMÄSS DER POSITIONIERUNG UNSERER AGENTUR. DIE KUNDEN SIND BEI UNS, WEIL WIR EIN MEISTER-HANDWERK BEHERRSCHEN.“

Wenn die Agenturführung das so selbstbewusst von sich behaup-
ten kann, ist sie auf dem besten Wege.

Die Agentur kann ihre Meisterlichkeit auch einfach an Feedbacks festmachen. Am besten nicht an den Feedbacks der Auftraggeber (Kunden). Denn diese sind ja Teil des Teams und somit Teil des potentiellen Problems. Und sie können, wollen oder dürfen aus politischen Gründen kein ehrliches Feedback geben. Die Rückmeldungen kommen am besten von der Zielgruppe selbst:

„Was für ein grandioser Text - wunderbar, diesen zu lesen", „Dieser Spot - ich könnte ihn hundertmal gucken", „Diese Website ist die wahre Freude - ich komme wieder und wieder" oder „Endlich mal ein Auto-Konfigurator, der einfach, klar und übersichtlich ist" und so weiter und so weiter.

WER WIRKLICH WISSEN WILL, OB ER EIN MEISTER IST, FRAGT DIE MENSCHEN, FÜR DIE ER SEIN PRODUKT GEMACHT HAT.

Damit ist nicht zwangsläufig die Marktforschung gemeint, sondern das ungeschönte, spontane Feedback direkt von Mensch zu Mensch oder von den Medien des Volkes, die sich an der guten Arbeit des Meisters öffentlich erfreuen.

Es gibt erfolgreiche Kreativ-Chefs, die am Ende selber nichts meisterlich beherrschen. Sie sind Manager und keine Meister. Das Heikle dabei ist, dass nicht nur das Machen, sondern auch das Beibringen delegiert wird; mit dem Ergebnis, dass die blutigen Anfänger von den Fortgeschrittenen lernen. Dieser Weg führt auf Dauer geradeaus in die Mittelmäßigkeit. Das Blut wird dünner und dünner. Die Agentur steht dann irgendwann für einhundert Prozent Halbwissen.

Im Umkehrschluss gilt natürlich: Ein wahrer Meister muss ab einer gewissen Agentur-Größe auch managen können.

DIE HOHE KUNST IST, EIN HYBRID AUS MANAGER UND MEISTER ZU SEIN.

Die perfekte Balance zu finden, „Wann mache ich es als Meister selbst, und wann bin ich lediglich Manager", ist sauschwer.

Selbstverständlich kann eine Agentur mehr als nur einen Meister beschäftigen. Das hängt von der Größe, dem Kompetenzfeld und der Struktur der Agentur ab. Die Agentur kann einen oder mehrere Kreations-Meister haben, einen Technologie-Meister, einen Strategie-Meister, einen Beratungs-Meister etc.

FÜR DIE AGENTUR-POSITIONIERUNG IST AM ENDE EINER GANZ BESONDERS PRÄGEND. NÄMLICH DER MEISTER, DER FÜR DAS ENDPRODUKT DER AGENTUR VERANTWORTLICH ZEICHNET. ER IST NICHT DER WICHTIGSTE MEISTER IN DER AGENTUR, JEDOCH DER MIT DER GRÖSSTEN SIGNALWIRKUNG FÜR DEN AGENTURERFOLG.

Wie beim Fußball. Die Mannschaft ist Weltmeister - aber auf der
Titelseite steht Mario Götze.

- - - - - - - - - -

Marketing-Kommunikation kann nur so gut sein, wie der Gedanke dahinter. Das erklärt, warum Kampagnen trotz herausragender Kreation hin und wieder nicht funktionieren. Nicht die Kreation ist schlecht, sondern das gedankliche Fundament, auf dem sie entstanden ist. „Shit in – shit out" sagen die Amerikaner.

Erfolgreiche Kommunikation basiert auf klugen und richtigen Gedanken. Deshalb braucht die Agentur den Denker. Den Neu-Denker, den Anders-Denker, den Quer-Denker, den Mutig-Denker, den Kreativ-Denker, den Präzise-Denker. Reinhard Springer & Konstantin Jacoby zum Beispiel waren in Summe diese Denker. Keiner von beiden war der erklärte „Stratege". Reini war Kontakter und Konstantin Kreativer. Den „Strategic Planner" gab es noch gar nicht. Das war der urplötzliche Chic-Beruf, der es irgendwann in den 90ern von London über den Kanal nach Deutschland schaffte. Jacoby sagte damals: „Ihr wollt Strategic Planner einstellen? Was soll das denn? Meint Ihr, wir sind die Nummer 1 geworden, weil wir mit dem Arsch denken?"

Natürlich ist der „Stratege", „Strategic Planner" oder wie auch immer man diese Fachkraft nennen möchte, in der heutigen Zeit von großer und zentraler Bedeutung. Er oder sie kann eine unermesslich wertvolle Ressource der Agentur sein. Wenn man diese richtig nutzt. Die Frage „Stratege ja oder nein?" soll aber an dieser Stelle gar nicht diskutiert werden.

VIELMEHR GEHT ES DARUM, OB DIE AGENTUR – UNABHÄNGIG VON FACHBEREICHEN ODER TITELN – EINEN ODER MEHRERE WIRK-LICH GUTE DENKER MIT AN BORD HAT.

Die Tatsache, dass ein Stratege auf der Gehaltsliste steht, gibt noch lange keine Gewissheit. Denn ein Titel allein macht noch keinen Denker. Titel sind das perfekte Versteck und manchmal eine Gefahr: Hin und wieder sind Kreativ-Direktoren nicht wirklich kreativ. Mitunter können Account Manager nicht managen. Und der eine oder andere Stratege ist kein guter Denker. Titel sind das grundsätzliche Dilemma der Kommunikationsbranche. Man hat gerade angefangen oder ist quereingestiegen - und schwupp ist man „Director". Die Schäden, die durch Ahnungslosigkeit von selbsternannten Fachleuten entstehen, gelangen nicht an die Oberfläche, geschweige denn in die Öffentlichkeit. Schwere Fehler von Piloten und Ärzten führen zum Tod. In der Werbung kann man damit Awards gewinnen.

Bei Springer & Jacoby begann jede Präsentation mit der legendären Seite „Wir überlegten uns." Das heißt, die Präsentation begann immer mit einem herausragenden, klaren und präzise formulierten Gedanken. Manchmal waren es nur ein oder zwei Sätze, die den Gedanken messerscharf auf den Punkt brachten. An dieser Essenz saß der Verfasser auch gut und gerne mal einen halben Tag. Der Gedanke wurde geschliffen wie ein Rohdiamant.

Als die Agentur ihre großen Denker und damit ihre Denk-Fitness verloren hatte, schwand auch sehr schnell das Bewusstsein für die Bedeutung des guten (Nach-) Denkens. Und als dann bei Springer & Jacoby Präsentationen mehr und mehr das gedankliche

Niveau von „Wir überlegten uns. Die Aufgabe ist eine ganz schön harte Nuss" erreichten, war der Eisberg vor dem Bug der Agentur zum Greifen nah.

DIE AGENTUR SOLLTE SEHR VIEL ZEIT INVESTIEREN, IHRE DENKER ZU FINDEN, ZU FÖRDERN UND DAS PRÄZISE DENKEN ZU KULTIVIEREN. UND DAS AM BESTEN IN DER GESAMTEN AGENTUR.

Es ist keine gute Entscheidung, die Denk-Kompetenz lediglich den erklärten Strategen zu überlassen. Das setzt die Nicht-Strategen herab. Und die Auftraggeber schätzen und honorieren gute Denker in jeder Fachabteilung und auf jeder Hierarchiestufe. Ein richtig guter, faszinierender Gedanke einer jungen Teamassistentin sollte in der Agentur mindestens die gleiche Anerkennung ernten wie die Gold-Idee eines CD-Teams.

Wenn sich die Agentur einen Strategie-Chef leistet, dann sollte dieser in der Wahrnehmung der Mitarbeiter und der Auftraggeber idealerweise auch der oberste Denker sein. Klar, dafür hat man schließlich einen Strategie-Chef. Die Wirklichkeit sieht aber manchmal anders aus. Das heißt, es gibt einen Strategie-Chef, die Denk-Qualität und die Denk-Kultur werden aber von anderen Führungskollegen vorgelebt. In dem Fall muss die Frage erlaubt sein: „Brauchen wir den Strategie-Chef überhaupt?".

Wenn der Beratungs-Chef der Oberdenker der Agentur ist, sollte er oder sie den Strategie-Hut aufsetzen – als Chef „Beratung & Strategie".

Einige Agenturen sprechen heute nicht mehr von „Kreation", sondern vielmehr von „Konzeption". Um zu untermauern, dass es heute doch um viel mehr geht als nur um Ideen. Der Begriff „Konzeption" impliziert, dass größer, ganzheitlicher, integrierter, strategischer gearbeitet wird. Und so sieht man immer häufiger die Kompetenz- und Titel-Verschmelzung „Konzeption & Strategie".

Was auch immer der Chef-Titel-Shuffle auswirft, irgendjemand in der Führungsriege der Agentur sollte die Profession „Strategie" im Titel tragen. Idealerweise der beste Denker. Und zwar, weil es heute Standard ist, einen Strategen und damit strategisches Vermögen anzubieten. Und weil der Markt tatsächlich händeringend nach neuen Strategien sucht. Der Markt braucht mehr, neue, frische Gedanken.

MAN SIEHT ES KAMPAGNEN AN, WENN EIN GROSSER GEDANKE DAHINTER STECKT - ONLINE WIE OFFLINE.

Ein Paradebeispiel ist die Hornbach Kampagne von der Agentur Heimat. Die Botschaften sind immer überraschend und nehmen neue inspirierende Blickwinkel ein. Der verantwortliche Stratege Andreas Mengele macht dem Titel „Stratege" alle Ehre - er ist ein verdammt guter, kreativer und innovativer Denker.

Kein Präsentkorb, keine Incentive-Reise und auch kein perfektes Kunden-Dinner wirken so kundenbindend wie der gute, überraschende Gedanke der Agentur. Deshalb sind die Denker der Agentur so unermesslich wichtig für das Beziehungsmanagement. Oft wird lediglich beim Pitch intensiv und ganzheitlich über den Kunden, seine Situation und die Aufgabe nachgedacht. Nach Pitch-Gewinn übernehmen dann die Etatverwalter, die professionell und beflissen die Realisation managen, die akribisch Marktforschung auswerten und die sich den Geburtstag des Marketingleiters und seiner Frau auf Wiedervorlage legen. Das ist nett und auch wichtig. Es ist aber weder anziehend noch sexy.

Als Agentur muss man heutzutage schon einiges auf dem Kasten haben, um Pitches zu gewinnen. Noch schwieriger ist es jedoch, den Kunden zu halten. Das ist die zentrale Aufgabe des Kunden-Flüsterers. Sein Ziel ist der Aufbau einer langjährigen Kundenbeziehung.

Der Kunden-Flüsterer versteht, was der Kunde wirklich braucht und was er tatsächlich will. Die bewusste Unterscheidung ist wichtig. Denn das „Was braucht der Kunde" und das „Was will der Kunde" sind nicht zwangsläufig deckungsgleich. Das ist wie in der Boutique. Der Verkäufer empfiehlt: „Sie brauchen mal was Dunkles". Der Kunde bestimmt: „Ich will aber was Helles". Genau in diesem Spannungsfeld bewegen sich die Agentur und der Kunde. Empfehlung versus Wunsch oder Befehl. Der Kunden-Flüsterer hat die Gabe, diese Ambivalenz zu managen. Sein Ziel ist dabei nicht der faule Kompromiss, sondern das Herstellen einer gemeinsamen Überzeugung, welches der jeweils richtige Weg ist. Dabei ist es unerheblich, ob sich die Agentur mit ihrer Empfehlung durchsetzt oder der Kunde mit seinem Wunsch. Wichtig ist, dass die Agentur und der Kunde gemeinsam hinter der jeweiligen Entscheidung stehen.

DER KUNDEN-FLÜSTERER IST EIN WIR-GEFÜHL-HERSTELLER.

Früher haben es die Kunden ertragen oder geduldet, dass es die Agentur immer, aber auch immer besser weiß. Gerade bei den Kult-Agenturen der 80er und 90er haben Kunden die Hacken zusammen geschlagen und mehr oder minder alles mitgemacht. Die Kunden heute machen genau das nicht. Das liegt in erster Linie daran, dass sie selbst wesentlich besser und professioneller geworden sind. Viele Marketingleiter haben selbst lange Jahre in Agenturen oder bei Agentur-Lieferanten gearbeitet. Die schlauen Kunden-Flüsterer haben das verstanden und nutzen den Kunden und seine Erfahrung, um das Agentur-Produkt besser zu machen. Der Kunden-Flüsterer schmiedet aus dem Auftraggeber-Auftrag-nehmer-Verhältnis ein schlagkräftiges Team, in dem sich die Play-er respektieren, zuhören und vertrauen.

„Flüsterer" bedeutet nicht, dem Kunden ein Ohr abzukauen oder ihn gefügig zu sabbeln. Es bedeutet, so dicht wie möglich am Kun-den zu sein und im richtigen Moment das Richtige zu sagen. Wann stimmt man dem Kunden zu? Wann befolgt man seinen Befehl ohne Diskussion? Wann hält man mit guten Argumenten hartnä-ckig dagegen und kämpft für die bessere Lösung? Wann bestärkt man den Kunden, mutig zu sein? Wann ist es Zeit für ein persönli-ches Gespräch, ein Kompliment oder eine Rüge?

In welchen Fällen sagt die Agentur „machen wir" und in welchen „machen wir nicht"? Das zu antizipieren und es dem Kunden kon-sequent zu „flüstern", ist die große Kunst.

Die erstklassigen Kunden-Flüsterer sind sehr selten, weil neben der langjährigen Erfahrung eine Vielzahl von Persönlichkeitsmerkmalen und Charaktereigenschaften gefragt sind.

DER KUNDEN-FLÜSTERER IST SOUVERÄN UND BESONNEN. ER ODER SIE AGIERT UNAUFGEREGT UND COOL, SELTEN EMOTIONAL UND NIE UNÜBERLEGT. SEINE AUTORITÄT SCHEINT ANGEBOREN ZU SEIN. TROTZ SEINER GROSSEN GELASSENHEIT UND GEDULD VERTRITT ER DEN STANDPUNKT DER AGENTUR MIT LEIDENSCHAFT.

So kundenorientiert er ist, so kämpferisch kann er sein. Die Agentur-Kollegen lieben und respektieren ihn für seinen unermüdlichen Kampf und Einsatz für das bessere Agentur-Produkt. Die Kunden schätzen seine Verbindlichkeit und Geradlinigkeit. Seine „Gesagt-Getan-Rate" liegt bei einhundert Prozent. Das heißt, was er sagt, macht er auch tatsächlich. Er hält, was er verspricht. Und summa summarum sorgt der Kunden-Flüsterer auch noch für gute Laune und ein kreatives Klima. Er schafft es immer wieder, dass sich der Kunde auf die Agentur freut. Auch, wenn hin und wieder die Fetzen fliegen.

In der Regel ist der Berater (Kontakter, Account Manager, Project Manager, Client Service Director etc.) der Kunden-Flüsterer. Das ist natürlich keine Überraschung.

DENNOCH GIBT ES ÜBERRASCHEND VIELE BERATER IN FÜHRUNGSPOSITI-ONEN, DIE ZWAR

DAS FACHLICHE GELERNT HABEN, TROTZDEM ABER SCHLECHTE KUNDEN-FLÜSTERER SIND. WEIL SIE ENTWEDER ZU HITZKÖPFIG ODER SCHEINTOT SIND.

Weil sie ihre Meinung und die Haltung der Agentur nicht vertreten können. Weil sie stets zu offensiv oder zu defensiv agieren. Weil sie entweder zu selbstbewusst oder zu devot auftreten.

Wenn der Chefberater die Rolle aufgrund mangelnder Persönlichkeitsmerkmale und Charaktereigenschaften nicht ausfüllen kann, muss man ihn oder sie deswegen nicht gleich absetzen. Denn der Beruf des Beraters beinhaltet ja noch viele funktionale, administrative und Managment-technische Facetten. Es gibt viele Berater, die Etats gut managen können, aber dennoch lausige Kunden-Flüsterer sind. Andere wiederum können gut flüstern, aber schlecht managen.

Wenn es der Berater nicht kann, könnte der Stratege die Rolle des Kunden-Flüsterers übernehmen. Zumindest bei den Schlüssel-kunden.

Kunden suchen gerne die Nähe zu den Strategen. Sie nutzen die analytische und strukturierte Denkweise des Strategen, um sich selbst und anstehende Aufgaben zu sortieren. Der Titel „Stratege" und die Kompetenz „Strategie" vermitteln Seniorität und eine vermeintlich hohe intellektuelle, geistige Flughöhe. Diese Sphäre schmeichelt dem Kunden. Und der Schulterschluss mit „seinem" Strategen hilft ihm, seine internen Herausforderungen zu meistern.

Kreative, ob Beginner oder Chef, sind meist keine guten Kunden-Flüsterer. Denn sie sind eher emotional, ein bisschen verrückt und impulsiv. Das liegt in der Natur der Sache. Und genau diese Eigenschaften sind es, die eine Agentur-Kunden-Beziehung atomar sprengen können. Kreative müssen sehr gezielt und wohl überlegt beim Kunden zum Einsatz kommen. Für sie gilt: „Willst Du gelten, mach dich selten".

Der Kunden-Flüsterer hingegen ist immer präsent. Dank seiner angenehmen, umgänglichen Art ist er stets in der Nähe des Kunden willkommen - besser gesagt: Er geht auf Dauer niemandem auf den Sack.

- - - - - - - - - -

AUFREISSER

Die Treue von Agentur-Kunden nimmt deutlich ab. Das Fremdgehen boomt. Wie im wahren Leben wird es leider Normalität. Kunden, die gestern noch ewige Treue geschworen haben, weil alles sooo super läuft, überraschen die Agentur am nächsten Tag mit der Einladung zum Pitch. Die Agentur darf den Etat verteidigen. Mit einer Wahrscheinlichkeit von neunzig Prozent bedeutet das die Scheidung.

Agenturen können sich nicht mehr auf ihren Lorbeeren ausruhen und brauchen eine dicke Neugeschäfts-Pipeline. Diese muss Tag für Tag gefüllt werden - und zwar vom Aufreißer der Agentur.

Aufreißer klingt despektierlich und primitiv. Die Bezeichnung bringt es aber unverblümt und unmissverständlich auf den Punkt, was die Aufgabe ist und was die Schlüsselfähigkeit der Person ist, die diese Aufgabe übernehmen soll.

Viele Agenturen beschäftigen den New Business Director oder Business Development Director. Die Herren und Damen Direktoren entwickeln dann erst einmal eine Neugeschäftsstrategie, implementieren Neugeschäfts-Datenbanken und organisieren Vortragsreihen, bei denen potentielle Kunden identifiziert werden sollen. Nach zwölf Monaten können dann die ersten Leads in das Wiedervorlage-System eingetragen werden. Darüber freut sich dann auch die Neugeschäftsassistentin.

Diese zugegeben übertriebene, zynische Beschreibung soll lediglich verdeutlichen, dass New Business-Abteilungen in Agenturen
oft teuer und bürokratisch aufgebaut werden, ohne sich einmal zu
fragen, ob der Verantwortliche für Neugeschäft von seinem Wesen her überhaupt ein Aufreißer ist. Viele sind es eben nicht. Sie
verkriechen sich in ihren Neugeschäfts-Strategie-Meetings und
Datenbank-Auswertungen, weil sie eigentlich keine Lust, keinen
Mut oder einfach nicht die Fähigkeiten haben, auf die Jagd zu gehen, sprich aufzureißen.

DAS AUFREISSEN LIEGT DEM AUFREISSER IM BLUT. ES IST SEINE ODER IHRE LEIDENSCHAFT. ER ODER SIE BRAUCHT DIE TÄGLICHE JAGD WIE DIE LUFT ZUM ATMEN.

Der Holländer und Agentur-Urgestein Henk Slagman ist so ein Typ. Henk organisiert in vierundzwanzig Stunden einen Termin beim Papst und schafft es, seiner Heiligkeit ein Ehebett zu verkaufen.

Der Aufreißer liebt es, Menschen zu kontaktieren.

Per Telefon, per Brief oder per pedes. Er geht gerne in die Welt hinaus, ist auf Achse und sucht das persönliche Gespräch und den Smalltalk. Zurückweisung oder Ablehnung nimmt der Aufreißer nicht persönlich. Penetrant, aber charmant bleibt er dran an seiner Beute.

Reinhard Springer hat die Deutsche Lufthansa zehn Jahre lang mit Briefen und Telefonaten bombardiert. Irgendwann waren die Marketingchefs und Vorstände der Lufthansa so mürbe, dass sie gar nicht mehr anders konnten, als Springer & Jacoby endlich zum Pitch einzuladen. Für „Reini" waren die langen Akquise-Jahre keine Bürde, sondern Spiel, Spaß und Spannung. Und das auf wirklich hohem Niveau. In jedem Brief und jedem Telefonat steckten gute Ideen und wertvolle Gedanken zur Situation des Unternehmens oder der Marke Lufthansa. Jeder Kontakt war sozusagen immer ein kleines, geistreiches Geschenk.

ETATS GEWINNEN IST SEXY – ETATS VERWALTEN LANGWEILIG. SO DENKT DER AUFREISSER.

Und weil er so tickt, ist er meist auch kein guter Kunden-Flüsterer. Die Kunden merken ganz schnell die Unlust des Aufreißers, den Etat im Tagesgeschäft zu begleiten. Und meist ist den Kunden die impulsive, quirlige bis hyperaktive Persönlichkeit des Aufreißers zu anstrengend.

Im Idealfall läuft es wie folgt: Dem Aufreißer gelingt es, dass die Agentur an einem Pitch teilnehmen darf, an dem sie unbedingt teilnehmen wollte. Bereits bei Beginn des Pitches betreten die Kunden-Flüsterer die Bühne. Und zwar nicht als Statisten, sondern als Hauptdarsteller. Damit ist dem Kunden von Anfang an klar, wer den Etat tatsächlich betreut. Genauso läuft es meistens nicht. Es wird der Fehler begangen, dass die Kunden-Flüsterer erst an Bord kommen, wenn der Etat bereits gewonnen wurde. Sozusagen dann, wenn der Etat-Alltag beginnt. Dann verkündet der Aufreißer: „So, lieber Kunde, dann kann es ja jetzt losgehen. Wir freuen uns auf die Zusammenarbeit. Das ist mein Kollege. Der ist jetzt für sie da. Ich bin dann mal weg". Es wird nicht so formuliert, aber so gehandelt. Die Enttäuschung beim Kunden ist groß. Gerade hat er sich in den Aufreißer verliebt und freut sich auf viele gemeinsame Stunden. Und bevor es richtig losgeht, ist dieser bereits auf dem Sprung zur nächsten Braut. Der Kunden-Flüsterer hat in dem Fall nie eine wirkliche Chance, beim Kunden zu landen.

Kleinere Agenturen, in denen der Aufreißer zwangsläufig auch der Kunden-Flüsterer ist, müssen genau überprüfen, ob diese eine

Person beiden Aufgaben gerecht werden kann. Häufig liegt genau da das Problem. Die Agentur gewinnt zu wenig Kunden. Oder verliert sie zu schnell. Wenn beides zutrifft, sind Hopfen und Malz natürlich verloren.

BEVOR SICH DIE AGENTUR DIE FRAGE STELLT, WER AUFREISSEN SOLL, MUSS DIE FRAGE BEANTWORTET WERDEN, WIE AUFGERISSEN WERDEN SOLL. WELCHER STIL PASST ZUR AGENTUR? IN VIELEN AGENTUREN VERLAUFEN DIE ART UND WEISE DER AKQUISITION UND DIE AGENTUR-WERTE VÖLLIG DIAMETRAL.

Die Agentur will zum Beispiel für absolute Präzision stehen und der Aufreißer kommt mit Mayo auf der Krawatte zwanzig Minuten zu spät. Die Agentur will geradlinig sein; der Aufreißer eiert rum. Die Agentur definiert sich über die Qualität ihrer Gedanken; der Aufreißer kaut dem potentiellen Kunden am Kongress-Buffet gedankenlos ein Ohr ab.

Wenn der Akquisitions-Stil feststeht, muss die Agentur bewerten, ob der auserkorene Aufreißer den Stil überzeugend vertreten kann. So wie ein Regisseur überprüfen muss, ob der Hauptdarsteller seiner Rolle gerecht wird. Im Zweifel wird neu gecastet. Bei Agentur-Gründern, die persönlich akquirieren, stellt sich diese Frage nicht. Die Agentur ist wie ihre Gründer. Die Gründer sind wie ihre Agentur. Das macht alles so schlüssig, authentisch und glaubwürdig.

- - - - - - - - - - -

Dass sich die Agenturlandschaft, die Agenturstrukturen und die Arbeitsweisen verändern, ist keine Neuigkeit, sondern ein andauernder Prozess, den die Agenturführungen andauernd antizipieren müssen. Agenturen befinden sich sozusagen ständig im Beta-Modus. Zumindest sollten sie so denken und handeln.

Gegenwärtig stellen sich moderne Agenturen darauf ein, funktional und mental offener für die Zusammenarbeit mit Spezialisten zu sein. Die zunehmende Komplexität der Marketing-Kommunikation, getrieben durch die Möglichkeiten der Digitalisierung, zwingt die Agenturen dazu, sich neuen Universen anzuschließen, in denen völlig barrierefrei mit- und füreinander gearbeitet wird. Die Zeiten „Wir können alles – und vor allem alleine" sind vorbei.

In diesem Zeitalter braucht die Agenturführung den Integrator. Dieser Typ kann auf Menschen zugehen und sie für die Zusammenarbeit mit der Agentur begeistern. Das sind die Soft-Skills. Ein wirklich guter Integrator beherrscht darüber hinaus die Hard-Skills:

DER TYP HAT DAS WISSEN UND DIE ERFAHRUNG,

WELCHE GEWERKE HERAUSRAGEND, MODERN UND INNO-VATIV SIND UND WIE DIESE IDEALTYPISCH MITEINANDER ARBEI-TEN. MEHR NOCH:

ER ODER SIE VERSTEHT NICHT NUR DEN GESAMTEN PROZESS, SONDERN KANN DIESEN AUCH FÜHREN.

Wenn die Führung und oder die Disziplin fehlen, geht die Integration in die Binsen. Der Integrator bringt Spezialisten zusammen, begeistert das frisch komponierte Team, schickt es an den Start - um es dann allein vor sich hin arbeiten zu lassen. Das ist sträflich. Denn wie sollen Menschen, die vorher noch nie miteinander gearbeitet haben, ad hoc als Team funktionieren. Das wäre so, als würde man elf grandiose Fußballer aus allen Himmelsrichtungen zusammentrommeln, um sie dann neunzig Minuten lang ohne Führung des Trainers vor sich hin kicken zu lassen. Diese Mannschaft wird nicht als Sieger vom Platz gehen.

Der Integrator ist auch Networker. Das Networking ist jedoch nur eine Facette des Integrators. Selbstverständlich braucht der Integrator ein Netzwerk von herausragenden Persönlichkeiten und Spezialisten.

Die moderne Agenturführung sollte sich in Zukunft eher als Integrator profilieren. Denn der Begriff „Networker" erfährt eine zunehmend negative Konnotation. Der Networker, in der negativen Ausprägung, ist nicht inhaltlich unterwegs. Er oder sie ist bei jeder Telefonzellen-Einweihung dabei und definiert sich über die Anzahl von Xing-Kontakten, klappert jeden Kongress ab, um am Buffet den Kaviar vom Ei zu kratzen und Visitenkarten zu sammeln wie andere Briefmarken.

Der Integrator hingegen ergötzt sich an großartigen Cases - und nicht an seinem Lufthansa Meilen-Konto.

- - - - - - - - - -

MONEY-MAKER

Es ist noch gar nicht lange her, da hat die Agentur das Fünffache für ihre Leistungen bekommen. Die Honorare waren wirklich mehr als üppig. Aber irgendwann einmal ist jedes Extrem vorbei und das Pendel des Universums fängt an, mit gleicher Intensität in die entgegengesetzte Richtung zu schlagen. Und zwar bis das andere Extrem erreicht ist. Wenn man sich die Honorar-Situation anschaut, ist dieser Zeitpunkt gekommen. Eine Agentur profitabel zu führen, war noch nie so anspruchsvoll wie heute. Die Aufgabe ist so komplex und verlangt so viel Können, Erfahrung und Fingerspitzengefühl wie das Einstellen eines Formel-1-Boliden. Früher reichte VW-Käfer- Knowhow.

Auf der einen Seite müssen die Kosten immer weiter runter. Auf der anderen muss es der Agentur gelingen, dass ihre Leistungen adäquat vergütet werden. Für die angemessene Bezahlung der Agentur ist der Money-Maker verantwortlich.

SEINE ODER IHRE GROSSE GABE IST ES, DEN WERT DER AGENTURLEISTUN-

GEN PLAUSIBEL AUF-ZUZEIGEN, UND DEN KUNDEN DAZU ZU BRINGEN, DIE AGEN-TUR ENTSPRECHEND ZU BEZAHLEN. DER KUNDE MUSS DAS GUTE GEFÜHL HABEN: „JA, DAS IST ES MIR WERT".

Oft hapert es bereits an der Begründung. Warum soll der Kunde Einhunderttausend Euro für eine Idee bezahlen? Warum kostet die Erstellung der Website dreimal mehr als beim Wettbewerber?

Bei dem einen kostet die Logo-Erstellung fünftausend, bei dem anderen fünfzigtausend Euro. Wie kann das angehen? In den fetten Jahren mussten die Agenturen ihren Preis nicht begründen, geschweige denn rechtfertigen. Das war wie bei Louis Vuitton. Der Kunde fragt: „Warum bitteschön ist die Tasche so teuer?" Der Verkäufer antwortet: „Weil es Louis Vuitton ist. Oder wie dürfen wir die Frage verstehen?" Diesen Nimbus haben Agenturen schon lange verloren. Der Money-Maker hat das verinnerlicht und er macht sich einen Sport daraus, dem Kunden den Wert der Leistung zu belegen. So wie der Strafverteidiger jeden noch so kleinen Hinweis sammelt und aufbereitet, um die Unschuld seines Mandaten zu beweisen.

Das Honorar zu begründen, ist anspruchsvoll. Das Honorar beim Kunden tatsächlich durchzusetzen, ist eine Kunst. Und diese beherrscht der Money-Maker. Er ist ein Verhandlungskünstler. Fünfzig Prozent der dazu notwendigen Fähigkeiten kann jeder erlernen. Die anderen fünfzig sind angeboren. Zum Beispiel das Poker-Face.

In den Verhandlungen mit dem Einkauf zuckt der Money-Maker mit keiner Wimper. Kein einziger Angstschweißtropfen erblickt das Licht der Welt. Provokationen oder Demütigungen lassen ihn kalt. Im Gegenteil, je härter sein Gegenüber agiert, desto charmanter ist sein Auftreten.

ATTACKEN WIE „DIE ANDERE
AGENTUR MACHT ES ABER FÜR DIE
HÄLFTE" WEHRT DER TYP MIT
MESSERSCHARFEN ARGUMENTEN
LÄSSIG AB. UNBEIRRT VERTRITT ER
DEN WERT DER AGENTURLEISTUNG.
SEIN MOTTO: LIEBER IM STEHEN
STERBEN, ALS AUF KNIEN LEBEN.
NATÜRLICH IST ER BEREIT,
PREISLICH ENTGEGENZUKOMMEN.
SEINE UNTERGRENZE HAT ER
VORHER FESTGELEGT. DRUNTER
GEHT ES NICHT. ER VERKAUFT
DIE AGENTUR NIE UNTER WERT. DAS
WÄRE DER ANFANG VOM ENDE.

Gute Einkäufer honorieren es, wenn die Agentur eine klare Haltung vertritt. Aber auch nur dann, wenn die Leistung der Agentur genauso beeindruckt wie der Money-Maker im Verhandlungsgespräch.

Wenn einer diese Aufgabe nicht übernehmen darf, dann der Kreative. Er sollte noch nicht einmal im Raum sein, wenn es ums Geld geht. Die Kosten- und Honorardiskussionen sind heute sehr ruppig und verpesten jedes kreative Klima. Man setzt ja auch nicht den Clown an die Zirkus-Kasse. „Du hast mir vorhin sechzig Euro für mich und meine Kinder abgeknöpft, und jetzt soll ich über deine scheiß' Witze lachen?"

Oft werden Kreative mit in die Verhandlungen genommen. Entweder weil es keinen anderen gibt. Oder weil der Kreative so ein sympathischer, eloquenter Typ ist. Wie auch immer, am Ende wirkt sich das Entleihen des Kreativen als Finanz-Legionär eher negativ auf die Atmosphäre aus, in der mit guter Laune ein herausragendes Produkt entstehen soll. Natürlich muss der Kreative kostenbewusst zu Werke gehen. Dem enormen Kostendruck kann und darf sich heute niemand mehr entziehen.

DIE FINANZ-CHEFS SIND IN DER REGEL DIE MONEY-MAKER. DAS SCHEINT SO KLAR UND SELBSTVERSTÄNDLICH ZU SEIN, DASS SELTEN MAL JEMAND FRAGT: „IST UNSER FINANZER EIGENTLICH EIN GUTER MONEY-MAKER?"

Oft sind sie es eben nicht. Sie mögen vielleicht gute Buchhalter, Controller oder sogar Manager sein. Aber die hohe Kunst der Verhandlung beherrschen sie nicht. In dem Fall sollte die Agentur für die wichtigen und zentralen Verhandlungen besser einen freien Money-Maker engagieren. Oder eine andere Person in der Agentur übernimmt diesen Job. Ein Berater, ein Projektmanager oder ein Stratege. Es macht einfach der, der es am besten kann.

Mit den Beratern, Account Managern und Projektleitern ist das auch so eine Sache. Qua Stellenbeschreibung sind sie Money-Maker auf Etat- oder Projekt-Ebene. Entweder fehlt ihnen aber die Ausbildung oder die Persönlichkeit. Oder beides. Oder einfach nur die Bewusstmachung: „Hey, DU bist für die finanzielle Performance deines Projektes verantwortlich. DU bist nicht nur Deutschland. DU bist auch die Kohle ..."

Früher erhielt die Agentur eine Provision auf das geschaltete Mediavolumen. Die üblichen fünfzehn Prozent Agentur-Provision waren über Jahrzehnte unantastbar. Die Zahl Fünfzehn stand so selbstverständlich im Vertrag wie das Datum des Vertragsabschlusses. Da musste niemand im Tagesgeschäft so genau hingucken, ob die eine oder andere Leistung auch tatsächlich bezahlt wird. Einmal im Monat schrieb die Teamassistentin eine Monster-Honorar-Rechnung gemäß der Provisionsvereinbarung und alles war gut.

Heute wird den Agenturen nichts mehr geschenkt. Deshalb ist es auch nur fair und notwendig, dass der Money-Maker bei jedem noch so kleinen Auftrag genau hinschaut, ob die Agentur angemessen bezahlt wird. Da Agenturen heute nicht mehr auf Provisions-, sondern Stundenbasis bezahlt werden, zählt im wahrsten Sinne des Wortes jede Stunde.

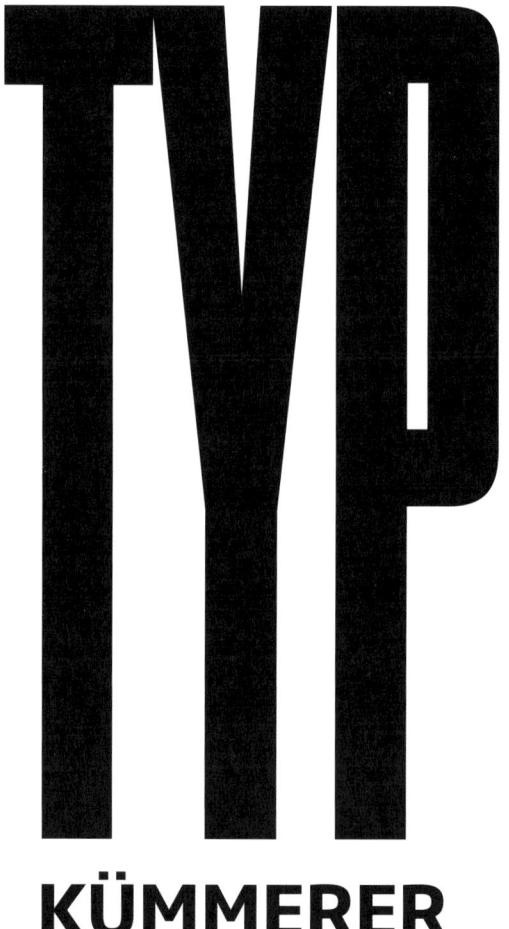

KÜMMERER

Die Werbebranche ist eine sehr eitle Branche. Um das eigene Image zu polieren, wird viel gesprochen, versprochen und angekündigt. Ja, die Branche ist Ankündigungs-Weltmeister. Intern wie extern. Wenn es jedoch darum geht, Versprechen zu halten und das Angekündigte tatsächlich zu liefern, präsentieren sich die Werber nicht immer ganz so weltmeisterlich. Ihre oft unterentwickelte Disziplin und überzogene Egozentrik sorgen für Enttäuschung. Mit dem Ergebnis, dass sich Kunden und Mitarbeiter abwenden.

Bei Springer&Jacoby gab es einen heiligen Grundsatz: „Was wir sagen, tun wir auch". Die sogenannte „Gesagt-Getan-Rate" musste bei einhundert Prozent liegen. Daran wurden die Führungsleute gemessen. Die Bewertung „Deine Gesagt-Getan-Rate läuft gen Null-Prozent" war ein ultimativer Warnschuss der Agenturführung. Im Gegenzug wurde das Halten von Versprechen und Ansagen fürstlich belohnt.

So gut und wichtig die „Gesagt-Getan"-Regel ist, so differenziert muss man diese jedoch betrachten. Das heißt, nicht jeder undisziplinierte Mitarbeiter ist automatisch ein schlechter Mitarbeiter. Nicht jede faule Sau ist eine dumme. Es gibt herausragende Kreative, Top-Berater und Super-Strategen, die absolut undiszipliniert sind. Selbst ein dreimonatiger Drill an der US-amerikanischen Militärakademie West Point würde das nicht ändern.

ES GIBT NUR EINE LÖSUNG: DIE DISZIPLIN-SCHWÄCHE VON HOCHTA-LENTIERTEN MENSCHEN MUSS AUSGEGLICHEN WERDEN. IM PRIVATEN UMFELD ÜBERNEHMEN

DAS MEIST DIE MÜTTER, IN DER AGENTUR DER KÜMMERER.

Diese Typen sind die Disziplin-Instanz der Agentur. Befreit von Eitelkeit kümmern sie sich darum, dass die „Gesagt-Getan-Rate" stimmt. Sie sind die guten Geister, die dafür sorgen, dass Versprechen gehalten werden. Natürlich machen die Kümmerer nicht alles selbst. Sie sind auch keine Dienstboten. Sie sind die Verantwortungsbewussten, die strukturieren, nachhalten, antreiben und manchmal auch böse werden, wenn sich Team-Kollegen verstecken, trödeln oder sich auf Kosten anderer einen schönen Lenz machen.

Ein Kümmerer hat die Fähigkeiten eines guten Managers. Wobei ein Kümmerer nicht zwangläufig ein Manager ist. „Kümmerer" ist eine Einstellung, ein Persönlichkeitsmerkmal, ein natürlicher Handlungs-Reflex.

IDEALERWEISE IST DER MANA- GER IN SEINEM WESEN AUCH EIN KÜMMERER. DIE REALITÄT ZEICHNET EIN ANDERES BILD. UM VIELE MANA- GER MUSS MAN SICH KÜMMERN.

Kümmerer gibt es idealerweise auf allen Ebenen und in allen Fachabteilungen der Agentur. Von der Chefetage bis runter in den Maschinenraum. Wenn es im Kreise der Agenturführung keinen Kümmerer gibt, dann muss die Führungsmannschaft zumindest so clever sein, welche einzustellen.

Die Veränderungen in der Marketing-Kommunikation sind durch die unendlichen Möglichkeiten der Digitalisierung fundamental:

Erstens: Die Branche entwickelt sich von einer ideenfokussierten zu einer realisationsgeprägten Branche. Die Realisation beansprucht mehr Zeit, mehr Budget und mehr Kompetenz.

Zweitens: Der Wert einer Idee wird nicht mehr honoriert, sondern lediglich die Stunden, die man aufgewendet hat, diese zu finden. Das wäre so, als würde man Dieter Bohlen fragen, wie lange er an der Komposition von „Cheri, Cheri Lady" gesessen hätte, um ihn dann nach Stunden zu bezahlen. Der Dieter würde einen Vogel zeigen. Agenturen hingegen haben es hingenommen, dass sie wie Handwerker bezahlt werden. Langsam begreifen und akzeptieren sie den Tod des geliebten Provisions-Modells, mit dem sich Agenturchefs im letzten Jahrhundert eine goldene Nase verdient haben.

Drittens: Das hierarchische Arbeiten in Abteilungs-Silos wird von kollaborativen, offenen und schlanken Strukturen abgelöst. Die Herausforderung ist mehr denn je, mit weniger Man-Power mehr zu erreichen. Und das selbstverständlich in kürzerer Zeit.

Auf diese und viele weitere Veränderungen muss sich die Agentur einstellen. Sie muss ihre Denk- und Arbeitsweisen kontinuierlich überdenken und neu strukturieren. Dafür braucht die Agentur den Strukturierer. Dieser Typ weiß, wie man sich heute und in Zukunft aufstellen und arbeiten muss, um konkurrenzfähig zu sein.

Das Thema „Strukturen" hat für viele den Charme einer administrativen, bürokratischen Strafarbeit. Aus diesem Grunde landet diese gerne mal in der Buchhaltung oder im Controlling. „Wenn die sich schon mit dem Cash-Flow beschäftigen, dann können sie sich ja auch gleich um den Work-Flow kümmern", lautet die landläufige Einstellung. So kann man sich irren.

DIE STRUKTUREN DER AGENTUR SIND SO ESSENTIELL UND ENTSCHEIDEND FÜR DEN ERFOLG WIE DER MOTOR EINES FORMEL-1-BOLIDEN.

Der Fahrer selbst und die innovativsten und visionärsten Köpfe des Teams arbeiten gemeinsam an jedem Detail. Solange, bis das Triebwerk perfekt funktioniert. Rennen für Rennen. Saison für Saison. Alles wieder von vorne. Alles wieder neu.

Die Aufgabe „Strukturen neu denken und umsetzen" delegiert man nicht in irgendeine Abteilung der Agentur. Diese Verantwortung legt man vertrauensvoll in die Hände einer innovativen und visionären Führungskraft, die für das Thema wirklich brennt und die der Aufgabe gewachsen ist.

Der oder die Auserwählte kann ein Berater, Kreativer oder Stratege sein. Gerne auch der Personal- oder Finanzchef. Wenn die Agenturführung verinnerlicht hat, dass der Strukturierer der Architekt ihrer Zukunft ist, wird sie bestimmt die richtige Wahl treffen.

SONNENSCHEIN

Das Klima in der Marketing-Kommunikations-Branche wird insgesamt rauer und trister. Gerade in Deutschland. Für Ideen haben wir kein Budget. Für Fehler kein Verständnis. Und zum Lachen keine Zeit. Was ist schlimmer? Dass der Spaß und die Freude mehr und mehr auf der Strecke bleiben – oder die Tatsache, dass wir die sukzessive Entmenschlichung unseres Jobs gar nicht mehr wahrnehmen?

Große Ideen, bahnbrechende Konzepte und deren exzellente Umsetzungen brauchen ein freudvolles und menschliches Ambiente. Deshalb braucht jede Agenturführung den Typ Sonnenschein.

Wenn der Sonnenschein den Raum betritt, erhellt und erwärmt sich die Stimmung. Die Meeting-Teilnehmer entkrampfen und fangen an, sich wohl und angstfrei zu fühlen. Alle machen sich locker und trauen sich, laut zu denken.

DER TYP SONNENSCHEIN HAT DIE GABE, SEINE MITMENSCHEN ZUM LACHEN ZU BRINGEN UND IHNEN EIN GUTES GEFÜHL ZU GEBEN.

JEDER VON UNS HAT DAS BEDÜRFNIS, AKZEPTIERT UND RESPEKTIERT ZU SEIN. DER SONNENSCHEIN VERMITTELT: GUT, DASS DU DA BIST. DU BIST WICHTIG FÜR DIE AGENTUR, FÜR DIESES MEETING, FÜR DEN ERFOLG.

Der Sonnenschein ist kein zwanghaft lustiger Hofnarr oder Animateur. Es ist einfach ihr oder sein Wesen, das strahlt. Diese Fähigkeit kann man nicht erlernen oder antrainieren. Man hat es oder man hat es nicht.

Dieser Typ ist für eine gesunde Agentur-Kunden-Beziehung von essentieller Bedeutung. Agenturkunden geben sich gerne hartgesotten, streng und gehetzt. Diese typisch deutsche Attitüde soll ihren VIP-Status unterstreichen. Letztendlich möchten aber auch sie Spaß und eine gute Zeit haben. Alle in der Agentur müssen sich bewusst machen: Das Prädikat „Mann, haben *wir* gelacht" erhöht die Kundenbindung maßgeblich. Kunden spüren in der Sekunde, in der sie die Agentur betreten, ob sie bei einem Bestattungsunternehmen gelandet sind oder einem freudvollen, pulsierenden und inspirierenden Hot-Shop.

Auch innerhalb der Agentur muss die Sonne scheinen. Wenn die Stimmung zu lange düster und grau ist wie der Himmel in Hamburg von Oktober bis März, dann hauen die Leute scharenweise ab und fliegen gen Süden.

Das Thema „Anführer" beziehungsweise „Führung" wird meist weiträumig umschifft. Entweder mögen die Betroffenen nicht offen aussprechen, wer denn tatsächlich der Anführer in der Agentur oder bei einem großen Projekt ist. Oder die Führungsfrage kommt nicht auf die Agenda, weil es zu hierarchisch und damit zu Old School wirken könnte. Na klar fällt es erst einmal leichter, der Nette zu sein und zu propagieren: „Wir entscheiden alles gemeinsam im Team - jeder wird nach seiner Meinung gefragt. Hier wird nicht einfach so von oben bestimmt". Dieser kollegiale Angang schmeichelt den Kollegen. Aber am Ende ist es nicht das, was die Mannschaft wirklich will.

Die Leute - insbesondere die jungen - wollen geführt werden. Sie möchten (hin)geführt werden zur besseren Leistung. Weil es ihnen gestern wie heute viel Freude bereitet, etwas gut zu machen. Erfolg ist nicht nur sexy, sondern macht auch richtig Spaß.

JEDER GUTE ANFÜHRER FÜHRT AUF SEINE UREIGENE WEISE. MAL LAUT, MAL LEISE. MAL IMPULSIV, MAL WOHL ÜBERLEGT. DIE VERPACKUNG GUTER FÜHRUNG VARIIERT. DAS GESCHENK IST

IMMER DAS GLEICHE: WISSEN, KÖNNEN, INSPIRATION, KLARHEIT UND ORIENTIERUNG. UND DIESES GESCHENK WIEGT MEHR ALS JEDE GEHALTSERHÖHUNG. GUTE FÜHRUNG IST DER STÄRKSTE WIRKSTOFF, GUTE MITARBEITER ZU HALTEN.

Das Prinzip Führung muss auf allen Ebenen der Agentur gelebt werden. Sowohl intern als auch extern. Bei allen großen und kleinen Projekten. Jeder in der Agentur, der führen kann, ist aufgefordert, dieses auch zu tun. Reinhard Springer sagte immer: „Greift Euch die Jobs!". Genau so ist es: Der Führungsreflex ist ein Greifreflex.

Die gute Agenturführung versteht es, die Führungstalente in der Agentur zu identifizieren und Führungsverantwortung zu übertragen. Natürlich können nicht immer alle führen. Zu der intakten Führungskultur gehört auch das Bewusstsein, dass man als smarter Führer hin und wieder auch mal folgen muss. Es wirkt geradezu elektrisierend auf junge Menschen, wenn der Chef sagt: „Du führst das Projekt. DU sagst mir, was ich machen soll. Nutze mich als Service für Deinen Erfolg."

Konsequente Führung wirkt sich direkt auf die Profitabilität der Agentur aus. Insbesondere auf Projektebene. Obwohl die fetten Jahre längst vorbei sind, sitzen immer noch viel zu viele Menschen in Meetings, in denen oft nicht klar ist, wer das Projekt überhaupt führt.

Alle halten sich an Titeln und Hierarchien fest. Sobald eine ranghöhere Person mit im Meeting ist, zum Beispiel der oberste Agentur-Boss, der CD oder der Etat-Direktor, gehen alle irgendwie davon aus, dass dieser Kollege das Sagen hat. Intuitiv erwarten alle die Führung vom anderen. Keiner macht mal den Mund auf und fragt: „Hey, bevor wir loslegen, wer ist eigentlich Kapitän auf dem Job? Wer trägt von Anfang bis Ende die Verantwortung? Wer sorgt dafür, dass die Hälfte der Leute gleich wieder den Raum verlässt?". Gerade heute bedeutet gute Führung: Mit weniger Leuten mehr erreichen - in kürzerer Zeit.

Eine starke Führungskultur können nur starke Agentur(an)führer erschaffen. Wer kann und soll diese Rolle übernehmen? Der Beratungs-Chef, der Kreativ-Chef, der Technologie-Chef oder der Strategie-Chef? Eine Person, ein Duo, ein Trio oder sogar ein Quartett? Das hängt ganz und gar von den handelnden Personen und der Konstellation von Persönlichkeiten ab.

ES GIBT KEINE PATENTLÖSUNG, ABER EINE UN-UMSTÖSSLICHE WAHRHEIT: EIN MENSCH ODER EINE GRUPPE IST EIN ANFÜHRER - ODER EBEN NICHT.

Das Leben ist nicht immer schwarz oder weiß. In dem Fall schon. Die Mitarbeiter folgen oder folgen nicht. Für einen gewissen Zeitraum kann der schwache Anführer den Anschein erwecken, seine Truppe würde ihm bedingungslos folgen. Irgendwann kommt jedoch der Tag der Wahrheit, an dem sich offenbart, dass die Mitarbeiter deswegen noch da sind, weil sie keine bessere Alternative haben.

Viele Agenturen finden nicht zum Kern ihrer Probleme, weil sie sich nicht die Kernfrage stellen: „Hat diese Agentur einen guten Anführer?". Mag sein, dass sich der eine oder andere Chef im stillen Kämmerlein in Selbstreflexion übt. Wie auch immer, die Wenigsten ziehen nach der Erkenntnis ihrer Führungsschwäche die notwendigen Konsequenzen. Dabei müssen diese ja gar nicht das Ende der Chef-Karriere bedeuten. Es gibt viele Möglichkeiten, Führungsschwächen zu beheben. Zum Beispiel sucht sich die Agenturführung einen neuen oder weiteren Partner, der das Anführen beherrscht. In einem Fade-In-Fade-Out-Prozess überlässt der amtierende Anführer dem neuen Anführer die Bühne. Der bisherige Anführer bleibt in der Führungsriege, agiert aber nur noch Backstage.

Die „Bühne" ist im wahrsten Sinne des Wortes von essentieller Bedeutung. Da muss sich nämlich der Anführer in regelmäßigen Abständen blicken lassen, um der Gefolgschaft die Richtung zu weisen.

Und das macht am besten nur derjenige, der so etwas auch wirklich gut kann und der die Werte der Firma am eindrucksvollsten
und glaubwürdigsten vertreten kann.

DER ANFÜHRER AUF DER BÜHNE IST IM IDEALFALL DAS GESTOCHEN SCHARFE ABBILD DER GELEBTEN AGENTUR-KULTUR.

Im wahrsten Sinne des Wortes verkörpert der Anführer die Agentur. Oft machen sich Anführer etwas vor. Sie sind auf der Bühne nicht sie selbst. Diese Anführer sind vielmehr Darsteller, deren Spiel schnell durchschaut und geahndet wird.

Auf die Bühne gehören die großen Führungspersönlichkeiten. Wie zum Beispiel der legendäre Reinhard Springer von Springer& Jacoby. „Reini" betrat die Bühne, wenn es darum ging, neues Feuer zu entfachen, Orientierung zu geben, Antworten zu liefern, Ziele zu setzen und das Bewusstsein zu schärfen, warum es sich lohnt, sich noch mehr anzustrengen. Nach seinen Reden gaben die Mitarbeiter Standing Ovations. Jeder fühlte sich persönlich angesprochen und als ein wichtiger Teil des Ganzen. Alle S&Jler konnten gar nicht schnell genug zurück an ihrem Schreibtisch sein, um mit frischer Energie am großen gemeinsamen Ziel weiter zu arbeiten.

Wer bitteschön von der Agenturführung geht auf die Bühne? Es ist paradox. Entweder will keiner, oder es wollen alle. „Ich will aber auch mal zu den Leuten sprechen, damit die sehen, dass ich auch was zu sagen habe", sagt die Eitelkeit. Und genau diese niederen Beweggründe riechen die Mitarbeiter zehn Meilen gegen den Wind. Vor lauter Betretenheit und Fremdschämen wissen die Zuhörer im Publikum gar nicht mehr, wo sie hinschauen sollen. Denn da stehen Leute auf der Bühne, die da nicht hingehören. Dabei ist es doch so einfach:

ALLE FÜHRUNGSMITGLIEDER PROFI-TIEREN AM MEISTEN, WENN NUR DER GEBORENE ANFÜHRER DIE FÜHRUNG DER AGENTUR VERTRITT. NICHT NUR, WEIL ER ODER SIE ES AM BESTEN KANN, SONDERN WEIL DAS KONSISTENTE AUFTRETEN, INTERN WIE EXTERN, DAS KLARSTE BILD VERMITTELT.

Reinhard Springer sagte immer: „Nur eine Fresse in die Presse." Dafür gibt es so viele gute Beispiele: Mark Zuckerberg von Facebook, Steve Jobs von Apple, Elon Musk von Tesla oder Richard Branson von Virgin.

Mitglieder der Agenturführung, die wenig Anführer-Talent mitbringen, können sich dennoch auf der Bühne und im Rahmen der Öffentlichkeitsarbeit der Agentur profilieren. Und zwar über ihre Fachkompetenz und die Erfahrung in ihrem Fachgebiet.

Mit der sogenannten Kompetenz-Präsenz generiert der Kompetenz-Träger den größten Wert gleichermaßen für sich und die Agentur. Und intern und extern wird jedem klar, wer für was verantwortlich ist. Das heißt, die Agentur präsentiert sich aufgeräumt.

Natürlich kann es in einer Führungsmannschaft mehr als nur einen guten Anführer geben. Wenn sich diese Persönlichkeiten in der Führung gut ergänzen und im Auftritt synchronisieren, wirkt das intern wie extern unschlagbar anziehend.

Mit der Zuweisung der Rolle „Anführer" tun sich Agenturführungen sehr schwer. Bei diesem Thema greift die Eitelkeit am stärksten. Wer gibt schon gerne zu, kein guter Anführer zu sein? Wer zeigt diese Größe? Es verlangt viel Fingerspitzengefühl, die Führungsfrage eindeutig zu klären, ohne dabei die Führungskollegen herabzusetzen und zu demotivieren.

Alles wird gut, wenn alle in der Führungsetage verstanden haben: Ein starker Anführer allein macht noch keinen Agenturerfolg. Der Erfolg ist die Summe von vielen Fähigkeiten und Persönlichkeitsmerkmalen, über die ein Mensch allein gar nicht verfügen kann. Der Agenturerfolg wird mehr und mehr zum Führungsteam-Erfolg. Die Fähigkeit, ein guter Anführer zu sein, ist lediglich eine Zutat des Erfolgsrezeptes.

DIE AGENT
FÜHRUNG
DIE RICHTI
KONSTELL

UR-
-
GE TYPEN-
ATION

Der Meister, der Denker, der Kunden-Flüsterer, der Aufreißer, der Integrator, der Money-Maker, der Kümmerer, der Strukturierer, der Sonnenschein und der Anführer. Das ist nicht die Aufzählung einzelner Spieler einer zehnköpfigen Führungsmannschaft. Es sind die zehn Typen der *Typologie der Agenturführung.*

Diese Typen beschreiben Persönlichkeitsmerkmale und Charaktereigenschaften – die Kernstärken einer Person, die in der Führungsriege in Summe vorhanden sein sollten. Unabhängig davon, ob die Führung aus einer, zwei oder mehreren Personen besteht.

Die ideale Führungskonstellation erfüllt die Typologie zu einhundert Prozent. Leider leben wir nicht in einer idealen, sondern einer realen Welt. Das heißt, der Idealzustand kann und soll lediglich ein Leitbild sein. Bei der Seefahrt sagt man: „Das ist unsere Ansteuerungstonne".

DIE MEISTEN AGENTUREN DENKEN NICHT IN STÄRKEN- UND PERSÖNLICHKEITS- KONSTELLATIONEN, SONDERN IN FACHBEREICHEN.

Es heißt dann: „Wir sind perfekt aufgestellt. Unsere Führung besteht aus einem Berater, einem Kreativen, einem Technologen und einem Strategen. Führungstechnisch ist bei uns der Drops gelutscht".

Dagegen ist an sich nichts einzuwenden. Es muss eine fachliche Struktur und Verantwortung geben. Der Punkt ist nur, dass die Fachperspektive allein nicht klarstellt, ob die Agentur in der Führung professionell und zeitgemäß aufgestellt ist.

Es gibt einige wenige erfolgreiche, alleinregierende Agenturchefs, die es in Personalunion auf siebzig bis achtzig Prozent Führungsvermögen schaffen. Ihre Defizite kompensieren sie mit herausragenden Typen in der zweiten Reihe. Die erfolgreiche One-Boss-Konstellation ist jedoch selten. Erstens, weil es wirklich wenig Menschen gibt, die so vielseitig begabt und ausgebildet sind. Zweitens, weil Top-Mitarbeiter auf Dauer nicht in der zweiten, sondern in der ersten Reihe stehen wollen. Und drittens, weil die Auftraggeber heutzutage zumindest einen Berater, einen Kreativen, einen Strategen und mehr und mehr einen Technologen auf der Chef-Ebene erwarten.

Selbst das Duo (Berater und Kreativer) hat es heute immer schwerer.

Der arme Beratungs-Chef muss Pitches akquirieren und gewinnen, Kunden führen und halten, Mitarbeiter rekrutieren und fördern, Kapazitäten planen und nachhalten – und last but not least: Honorare verhandeln und eintreiben.

Stellvertretend für die Explosion der Komplexität steht folgendes Beispiel: Noch vor gar nicht all zu langer Zeit war ein Drei-Jahres-Agenturvertrag fünf Seiten lang und zehn Millionen Euro Honorar schwer. Heute beschließt man die Zusammenarbeit für ein Zwanzigtausend-Euro-Projekt auf dreißig Seiten Juristerei. Die Verhandlungen dauern länger als das Projekt.

Oder denken wir an den Kreativen, der mehr und mehr zum Packesel mutiert. Alles wird bei ihm abgeladen. Er ist vielleicht Meister des Textes, und der Kunde fragt ihn nach Ideen und Empfehlungen, wie man im Bereich der User Experience die Conversion Rate von Eins Komma Eins auf Eins Komma Drei Prozent steigern kann.

OB SOLO, DUO ODER TRIO – DURCH DEN HEUTIGEN STURM KOMMT MAN NUR

MIT DEN RICHTIGEN TYPEN UND DEM BEWUSSTSEIN, WER ÜBERHAUPT WAS LEISTEN KANN.

Und wenn es sich die Agentur nicht leisten kann, die richtigen Typen einzustellen, dann muss sie sich ein Typen-Netzwerk von freien Mitarbeitern und Spezialisten aufbauen.

Zum Beispiel hat die Agentur in ihrem Netzwerk den ultimativen Money-Maker, der nur dann ins Spiel kommt, wenn die Agentur mal wieder in einem fensterlosen, sauerstoffarmen und hart bestuhlten Besprechungsraum vom Chefeinkäufer gegrillt werden soll. Dann tritt der Typ an, der es in Sachen Honorarverhandlungen ohne einen Tropfen Konfi-Wasser durch die Sahara schafft. Viele Agenturen schicken gedankenlos den Typen, der als erstes nach einem frisch gepressten Orangensaft mit einem Spritzer Olivenöl fragt.

Das Agenturgeschäft hat sich verändert wie das Profi-Tennis. Früher haben es Player wie Guillermo Vilas oder Henri Leconte mit Party-All-Night-Long und zum Teil eklatanten technischen Schwächen in die Top-Ten der Weltrangliste geschafft. Heute muss selbst der Letzte im Ranking ausgeschlafen und technisch vollendet an den Start gehen, um überhaupt den Hauch einer Chance zu haben, eine müde Mark zu gewinnen.

DIE TENNIS-FACHWELT SPRICHT VON EINEM „KOMPLETTEN" SPIELER. UND SO IST ES MIT DER FÜHRUNG DER AGENTUR. SIE MUSS HEUTZUTAGE KOMPLETT SEIN.

Es darf nichts fehlen. Und es sollte keine Doppelungen geben. Diese merkt man Gott sei Dank sehr schnell, weil man sich ständig gegenseitig auf den Füßen steht.

Wenn Defizite oder Doppelungen bekannt sind, muss gehandelt werden. Der Prozess der Justierung in der Führung ist natürlich mit hitzigen Diskussionen und Streit verbunden. Das liegt in der Natur der Sache. Denn das Geschäft ist getrieben von Emotionen und Eitelkeiten. Führungskonstellationen in Agenturen können so explosiv sein wie die Ehe von Liz Taylor und Richard Burton. Auch, wenn dem so ist, sollten Trennungen im Rahmen der Neuaufstellung nicht zum Scheidungskrieg erklärt werden. Vielmehr sollten die Beteiligten und Betroffenen von einem Vereinswechsel sprechen. Für die, die gehen müssen oder wollen, ist es die Chance, einen neuen Verein zu finden. Und damit eine (Führungs-)Mannschaft, in der sie ihre Kompetenz und ihren Typ besser ausspielen können.

Wer fachlich etwas gut kann und dabei ein echter Typ ist, findet seine Traumkonstellation. Und der Ärger, die Wehmut und die Enttäuschungen, die oft mit dem Verlassen der alten Konstellation einhergehen, sind so vergänglich wie die Werbung selbst.

WAS MA
GUTE AG
FÜHRUN

Führende Agentur-Chefs bringen es mit einem Tweet auf den Punkt.

CHT ENTUR- G AUS?

ES BRAUCHT ANFÜHRER. EIN AGENTUR- ANFÜHRER IST JEMAND, DEM UND DESSEN IDEEN MITAR- BEITER FOLGEN, WEIL SIE ES WOLLEN. NICHT WEIL SIE MÜSSEN.

FÜHRUNG IST 80% TECHNIK – UND 80% LEIDENSCHAFT.

EINE KULTUR DER WERTSCHÄTZUNG SCHAFFEN, SIE IMMERZU FÖRDERN UND UNBEIRRT VORLEBEN. TAG FÜR TAG NEU. AUCH DAS MACHT GUTE AGENTURFÜHRUNG AUS.

VERBINDLICHKEIT.

1) Jean-Remy von Matt   2) Larissa Pohl   3) Ulrich Pallas   4) Dr. Peter Figge

EINE KLARE HALTUNG, DIE FÄHIGKEIT, SICH IMMER WIEDER ZU HINTERFRAGEN, KONSEQUENZ UND EIN TEAM, DAS SICH IN SEINEN STÄRKEN BEST-MÖGLICH ERGÄNZT.

WIR SIND EIN PARTNERGEFÜHRTES UNTERNEHMEN. ZUSAMMENARBEIT IST ALLES. ODER IN EINEM SATZ: „WE HELP EACH OTHER TO BE GREAT."

WIR HABEN IN DEN JAHREN SO VIELE FEHLER GEMACHT UND DARAUS SO VIEL GELERNT, DASS WIR ERNSTHAFT DRÜBER NACH- DENKEN, NOCH MEHR FEHLER ZU MACHEN!

EINE GUTE AGENTUR HAT EINE MISSION, DIE JEDER KENNT UND DIE DAS MANAGEMENT VORLEBT. »I'M GOING TO CHANGE« BEDEUTET: »SICH GEMEINSAM VER-ÄNDERN«.

**WIE EINE POL-EXPEDITION:
MIT KÜHLEM KOPF / HEISSEM HERZEN ++
GROSSEM ZIEL / DETAILBLICK ++
INTERDISZIPLINÄR / EXPERTEN-EXZELLENZ ++
GEMEINSCHAFT / STREITKULTUR +++**

3)

4)

5)

EIN GUTER COACH GLAUBT AN SEINE SPIELER. HÖRT ZU UND ERMUTIGT. PUTZT NICHT RUNTER. ABER KENNT AUCH KEIN MITLEID. DENN DAS SCHWÄCHT WIRKLICH.

GUTE FÜHRUNG MACHT SICH ÜBERFLÜSSIG. DENN SIE BRINGT MENSCHEN DAHIN, SICH SELBST ZU FÜHREN.

OB MAN EIN GUTER
FÜHRER IST ODER
NICHT, HÄNGT
IM WESENTLICHEN
DAMIT ZUSAMMEN,
OB MAN EIN GUTER
MENSCH IST. ODER
NICHT.

1) Matthias Schrader 2) Martin Gassner 3) Jürgen Alker / SinnerSchrader

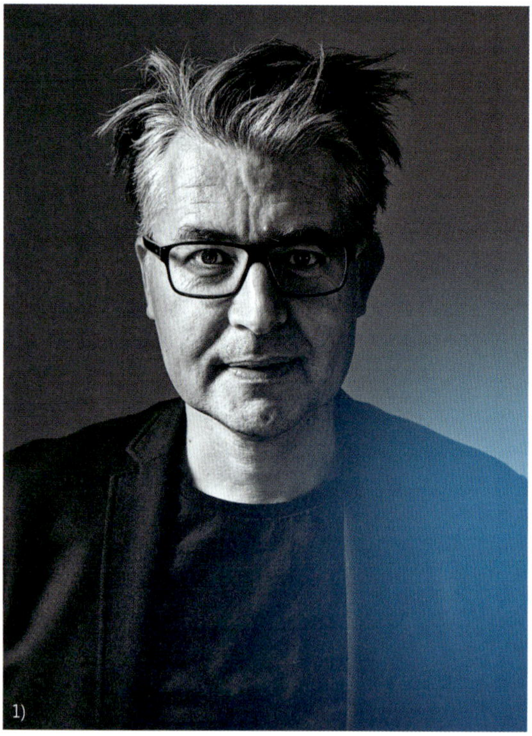
1)

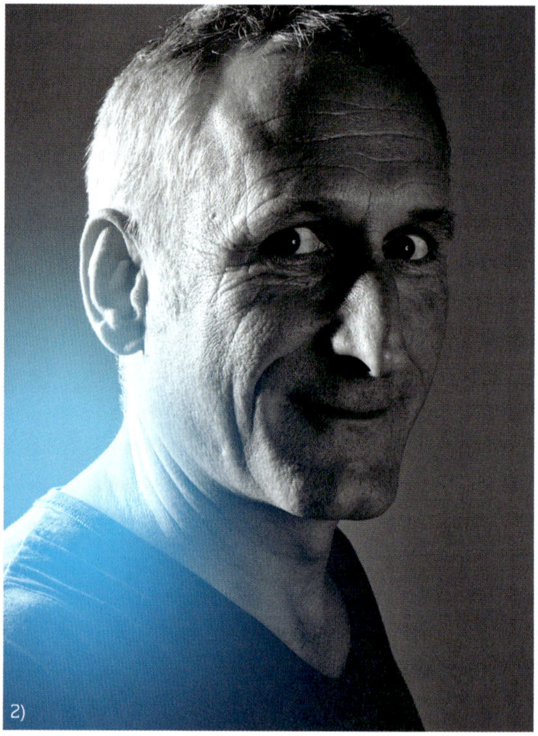
2)

3)

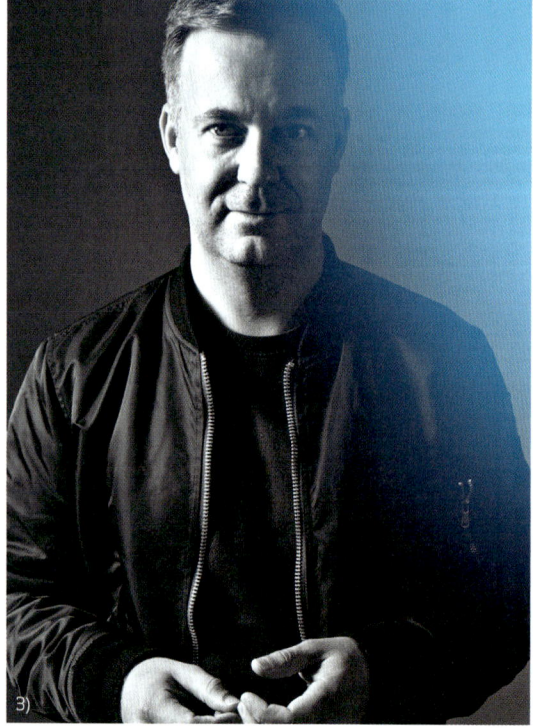

#NoAlphaLeadersNoBetaTeams www.stillday.one

MAN TRIFFT EINEN PARTNER, DER EXAKT SO TICKT WIE MAN SELBER UND HÄLT SICH DANN AN DAS, WAS ER SICH AUSGEDACHT HAT - SIEHE ALSO SEITE 182.

Anmerkung des Autors: Das geniale 3E/4K-Management-System von Reinhard Springer hat S&J deswegen zur Nr.1 geführt, weil es Konstantin Jacoby mit Leben gefüllt hat. Und da es nur einen Konstantin Jacoby gibt, konnte es auch nur eine Agentur Springer & Jacoby geben.

**BE REFLECTIVE,
BE CURIOS,
BE INSPIRING,
BE HUMBLE,
BE BRAVE,
BE COLLABORATIVE,
BE PURPOSEFUL,
BE DECISIVE,
BE ENERGETIC AND ABOVE ALL
BE YOU!**

UNSICHERHEIT ERKENNEN, EXPERIMENTE MÖGLICH MACHEN, FEHLER ZULASSEN. AUS DEM 3. LERNEN, DAS 2. REIFEN LASSEN, DAS 1. ABBAUEN. ITERATIV? LOGO!

Was können deutsche Agentur-Chefs von amerikanischen Agentur-Chefs in Sachen Agenturführung lernen?

SEID MUTIG ABER GEDULDIG. SEID INNOVATIV ABER KONSISTENT. VERSTEHT TECH- NOLOGIE ABER VERWECHSELT SIE NICHT. SEID BERATER KEINE DIENSTLEISTER.

GASTBEITRÄGE

LIEBER AGENTUR-FÜHRER,

schon lange Zeit arbeitest Du daran, Deine Agentur digital zu machen. Dafür hast Du einiges getan: neugegründet, gekauft, rekrutiert, in Akquisiteure investiert, einen CDO in die Geschäftsführung geholt, rausgeschmissen, aufgelöst, neustrukturiert, integriert, bestehende Kunden für vielversprechendere ausgetauscht, Prozesse optimiert, weitergebildet, noch mal neustrukturiert und und und.

Wenn man Dich heute fragt: „Und? Was ist dabei rausgekommen? Wo steht Ihr digital heute?", sagst Du: „Alles erledigt. Digital läuft bei uns." Und denkst: „Könnte besser sein."

Du willst Deine Agentur digital machen, arbeitest schon lange und hart daran und hast Besseres verdient. Hier ein Trick - von mir für Dich:

Druck die folgenden Leitsätze aus und häng sie überall in Deiner Agentur auf.

Die 7 Leitsätze der digital kompetenten Agentur

1. Wir wissen, daß wir nichts wissen.

Scheinwissen kennt jeder. Typisches Kennzeichen zum Beispiel die Formulierung „alter Wein in neuen Schläuchen", typisch auch die Genervtheit „muss wirklich jede Sau durchs Dorf getrieben werden?". Scheinwissen bremst unseren Fortschritt im Wissen und Denken. Es steht wie eine Betonmauer zwischen uns und dem Neuen. Gegenteil von Scheinwissen: Nichtwissen. Nichtwissen öffnet sich dem Neuen und hält uns kontinuierlich aufnahmefähig. Das ist immer praktisch, vor allem aber dann, wenn es um den Speed der Digitalisierung geht.

In kurz: Scheinwissen doof, Nichtwissen gut.

2. Wir tasten uns heran an das, was wir Erfolg nennen werden.

Beispiel: 2009 dachten alle, Facebook-Fans seien das ultimative Kriterium für Social-Media-Erfolg. Das denken sogar viele noch heute. Stimmt aber schon seit 2007 nicht. KPI's sind volatil. Auf unbekanntem Terrain müssen wir lernen, welche die richtigen Ziele sind, und womöglich vielfach neuen Kurs aufnehmen, bis wir da sind, wo wir hin wollen.

In kurz: Agil sein ist gut.

3. Wir fragen niemals „Wofür soll das denn gut sein?" - wir probieren's lieber aus.

Beispiel „Yo". Eine App, 2014 im App Store erschienen. User konnten ihren Freunden ein „Yo" auf den Sperrbildschirm ihres Handys schicken. Nicht mehr, nicht weniger. Die meisten Menschen und Medien hielten Yo für total beknackt, als die App erschien. Robert Scoble, amerikanischer Tech Blogger und Evangelist fand die App ebenfalls dumm. Dann aber hat er sie ausprobiert und fand sie süchtig machend. Ein paar Finanzierungsrunden, Millionen Downloads und eine klare Vision später wünschten sich viele Leute, zum richtigen Zeitpunkt investiert zu haben.

In kurz: Zweifel, der das Neue sofort im Keim erstickt, ist eine normale menschliche Reaktion auf Innovation, aber doof. Wir tun gut daran, alles Neue immer auszuprobieren und damit rumzuexperimentieren.

4. Wir lieben Maschinen.

Google bestimmt, was die Leute im Internet angucken. Facebook blendet ein oder aus, was aus Algorithmus-Sicht wichtig oder nicht für den Nutzer sein soll. Maschinen und deren Entwickler bestimmen unsere Realität. Und in Zukunft können die Maschinen das sogar ganz ohne die Entwickler. Deswegen jetzt Angst vor Maschinen zu haben, bei Facebook auszutreten und nie mehr zu googeln, ist tendenziell eher doof, weil man damit ja nichts ändert. Mit den Computern, Tools, Apps, Plattformen und Gadgets dauernd rumzuspielen und Spaß mit ihnen zu haben, ist cleverer. Weil wir so lernen, sie zu verstehen, sie für uns zu nutzen und - ebenfalls - uns vor ihnen zu schützen.

Martin Luther King: Love is the only force capable of transforming an enemy into friend.

5. Wir haben Programmierer als beste Freunde und haben die immer und überall mit dabei.
Trotzt der Sprachbarriere!

6. Wir halten integrierte Kommunikation für die Erfindung von Leuten, die sparen müssen.
Beispiel „Star Wars": Die Kinofilme erzählen nur einen ganz winzigen Ausschnitt aus einer riesigen Star-Wars-Welt, die aus Comics, Büchern, Brettspielen, Videogames, Mobile-Mini-Serien usw. usf. besteht. Und überall werden andere Geschichten erzählt, mit teilweise den bekannten, teilweise neuen Figuren und mit komplett eigenen Handlungen - Hauptsache irgendwas mit Galaxis. Star Wars lehrt uns das krasse Gegenteil integrierter Kommunikation.

Integrierte Kommunikation nämlich will von uns, daß wir auf allen Kanälen alles gleich machen: das gleiche Motiv, die gleiche Headline, den gleichen Film. Im TV, im Print, auf Facebook und auf der Website. Das geht, aber es geht nicht gut, denn jedes einzelne Medium und dessen Nutzer folgen einer eigenen Logik. Für mehr Erfolg macht es also Sinn, jedes Medium mit einer eigenen Idee zu bespielen, an allen Touchpoints eigene Geschichten entstehen zu lassen. Weil dann potenziell mehr geklickt und geliked und geshared wird.

In kurz: Integrierte Kommunikation ist günstig, weil man alles gefühlt nur ein Mal produzieren muss, dafür mehrfach verwerten kann. Aber auch ungünstig und womöglich doof, weil man eben nicht alles überall verwerten kann.

7. Wir ruhen uns niemals aus, sondern fragen uns stets, was es heute Neues und Anderes zu tun gibt.
Unser CFO findet das doof.

ENDE

Strebst Du nach diesen Leitsätzen, machst Du 100-prozentig mehr Umsatz und statistisch gesehen 26 Prozent mehr Gewinn. Du bekommst damit die besten Digitalen, die obendrein für immer bei Dir bleiben. Und Kunden, die Dich mit geilen digitalen Projekten beauftragen. All das bringt Fame und Geld.

Und Achtung, Positiv-Spirale! Mit dem vielen, neu verdienten Geld kannst Du Dir die sauteure Good School leisten, um digital am Ball zu bleiben. Zack. Fertig.

Bis bald! Ich freu mich auf Dich!
Deine Good School

CURATE OR DIE

Warum Content in Führung geht.

In der klassischen Managementliteratur wird immer wieder gerne die Geschichte vom Frosch zitiert, der in einem Kochtopf mit Wasser sitzt, das immer heißer wird. Die Analogie endet damit, dass der Frosch stirbt, weil er nicht aus dem Topf springt. Die Geschichte soll aufzeigen, dass Organismen – oder Organisationen und Unternehmen – ihre Lernfähigkeit durchaus verlieren können. Und dann daran scheitern, sich neuen Gegebenheiten anzupassen.

Die Frosch-Geschichte wird auch gerne erzählt, um den Wandel der etablierten Medien und der angeschlossenen Vermarktungs- und Werbeindustrie zu dramatisieren. Das Internet übernimmt dabei die Rolle des Wasserkochers. Die Erzählungen enden dann ähnlich böse, was Wasser auf die Mühlen der selbsternannten Vordenker-Eliten gießt: „Selber schuld! Kein Wunder, bei den altbackenen Produkten, mutlosen Kreationen und verschlafenen Vermarktern!"

Den Wandel nutzen

Zum Glück ist die Geschichte mit dem Frosch grober Unfug – denn Lebewesen unternehmen einfach alles, um nicht bei lebendigem Leibe gekocht zu werden. Für Unternehmen und Organisationen lässt sich

das leider nicht so pauschal sagen, denn da können politische Ent-
scheider-Silos oder besitzstandswahrende Machtkämpfe durchaus
für Lähmungen sorgen. Und diese Lähmungen erschweren dann wiederum die eigene Rettung. Aber das ist ein anderes Thema.

Betrachtet man aber den angesprochenen Medienwandel unvorein-
genommen als das, was er ist – eine natürliche, kontinuierliche Evolu-
tion – dann zeigen sich auch wunderbare Potentiale. Und gerade für
Marken eröffnen sich tolle Möglichkeiten. Denn plötzlich können sie
selber senden. Mit Chance sogar an der Adblockalypse vorbei, mitten
durch die Werberesistenz. Inklusive eigener Programme, Redaktio-
nen und Kanäle. Und natürlich auch Zuschauern und Fans.

Brandcast yourself!

Content Marketing & -Curation heißt der Weg, über den man aus
einer Marke einen Sender macht – sie also selber *"brandcasten"* lässt.
Was sich hinter diesen sperrigen Begriffen verbirgt, ist eigentlich
ganz einfach. Es geht schlicht darum, Inhalte – *Content* – zu schaffen
und über relevante Kanäle zu verteilen, die dazu beitragen, dass das
bestehende Werbe-*Push um ein Pull* erweitert wird *(Marketing)*.
Kommuniziert wird über maßgeschneiderte Inhalte, die so attraktiv
sind, dass die Besucher von alleine wiederkommen *(Pull)*. Das können
Servicethemen, Erklärstücke oder Reportagen sein. Oder aber Inhalte,
die helfen, das Markenprofil zu schärfen.

Dabei müssen nicht alle Inhalte neu erstellt werden – mitunter ist es sogar erfolgreicher, auf bereits vorhandene Inhalte oder passende Themen Dritter zu verweisen. *Curation* nennt sich das dann und lässt sich am ehesten mit dem Plattenauflegen eines DJs vergleichen. Es ist die Summe aus Musikauswahl, Reihenfolge und handwerklichem Können am Mischpult, die die Tanzfläche zum Kochen bringt.

Deshalb: Jetzt Hybrid werden
Content-Marketing ist also, salopp gesagt, die konsequente Weiterentwicklung der Kommunikation. Die klassischen Werbe-Skills werden um redaktionelle und journalistische Fähigkeiten ergänzt und verschmelzen zu einem Hybrid-Angebot. Dabei geht es nicht darum, alte Agenturprodukte gegen neue zu tauschen. Sondern darum, das eigene kommunikative Angebot zu erweitern. Um zeitgemäße Werkzeuge, die Relevanz und Substanz schaffen.

Aber Achtung: Erfolgreiches *Content-Marketing* braucht Zeit und Geduld. Weil es eben nicht damit getan ist, drei Spezialisten einzustellen und ein neues Türschild gestalten zu lassen. Denn Menschen, die Strategie, Planung, Entwicklung und Platzierung von Content können, gibt es in Werbeagenturen bisher eher selten.

Content ist nicht auf der Ebene von TV-Spot oder Anzeige zu sehen, auch nicht als Ergänzungsfunktion von *Werbung.* Sondern als neues Prinzip, auf das man sich einlassen muss. So, wie in den letzten 20 Jahren *die Idee* der Ausgangspunkt einer Kampagne war, so ist es jetzt der *Content.* Der selbstverständlich auch weiterhin eine Idee haben sollte - denn Katzenfotos allein verkaufen weder Autos noch Pizza, weder Smartphones noch Küchengeräte.

Diese Umorientierung hat Auswirkungen auf alle Bereiche einer Agentur, von den Einstellungskriterien bis zum Output. Und darum müssen auch alle, die in einer Agentur arbeiten - oder eine führen -, diese Orientierung verinnerlichen. Hier einige Beispiele:

Produkt
· Der Produktkatalog, der bislang klassische Werbemittel und Medien auflistet, muss um einen redaktionellen *Stream* erweitert werden.

Kunden
· Das Ein-Seiten-Briefing ist nur noch der Ausgangspunkt. Für die kontinuierliche Arbeit braucht es quasi eine Lose-Blatt-Sammlung, die sich ständig weiterentwickelt.
· Intensiverer Input seitens des Kunden ist notwendig.
· Konstanter Kundendialog statt Job-Nummern-Abarbeitung.

HR
· Neue Suchraster: Journalisten, Redakteure, Storyteller, Kuratoren.
· Neue Einstellungskriterien für die bestehenden Jobs: Texter müssen mehr können als witzige Headlines und das Art Buying sollte auch EB-Teams kennen.
· Mitarbeiterentwicklung & Förderung: „SXSW" statt „Cannes".

Kreation

· Vom Witzeerzähler zu Shakespeare. Es geht erst einmal um Storytelling – die Punchlines müssen eingebettet werden.
· Es geht nicht mehr um DAS Layout, sondern um ganzheitliche visuelle Identitäten, die auch medienübergreifend funktionieren.

Beratung

· Vom Verkäufer zum Sherpa: Der Berater ist nicht mehr der vermittelnde Bote zwischen Kunde und Agentur, sondern der entscheidende Wegweiser.

Finanzen

· Weg vom Verwalter, hin zum Investitionsberater.

Neugeschäft

· Workshops statt Briefings: Der klassische Pitch ist keine ideale Form der Partnerwahl. Weil er genau das, was hier aufgelistet wird, nicht abbilden kann. Der bessere Indikator für eine erfolgreiche Zusammenhang ist ein Workshop.
· Verkauft werden nicht mehr nur Ideen, sondern die Seetüchtigkeit – also Erfahrung.

Ralf Becker
Co-Gründer von SOULD The Brandcast Company

ES REGNET LEHRLINGE ...

Warum die Branche wieder Meister braucht.

Lange gab es nicht mehr so viel talentierten Nachwuchs wie heutzutage. Junge Menschen drängen sich zu tausenden in die Medien/Werbebranche. Allerdings aus anderen Gründen als vor 20 Jahren, als es noch Champagner und Kaviar als Lockmittel gab. Selbstverwirklichung, sehen wollen, was man selber geschaffen hat, gesehen und anerkannt werden. Das sind die Triebfedern. Geld spielt dabei eine untergeordnete Rolle. Erfüllung ist das Ziel.

Aber Talent alleine ist erfahrungsgemäß nur ein Teil des Erfolges. Wenn es nicht gefördert und gut gesteuert wird, kann es sich nicht hinreichend oder sogar in die falsche Richtung entwickeln.

Und an dieser Stelle bin ich jetzt mal ganz egoistisch. Wir als Dienstleister sind abhängig von diesen Menschen. Wir können auf Dauer nur unser Bestes geben, wenn es auf der anderen Seite auch gesehen wird. Wenn es eine Beziehung auf Augenhöhe ist und man uns nicht aus Unwissenheit ausbremst, sondern gemeinsam mit uns für die so wichtige Qualität kämpft. Wir sind angewiesen auf die neue, neugierige und auch fordernde Generation. Wir wollen „Spurenleser" auf Agenturseite haben, die wissen, wie man eine Musterrolle liest. Wir brauchen Menschen, die gemeinsam mit uns den Rücken gerade machen vor dem Kunden. Wir brauchen sie als Verkäufer unserer gemeinsamen Werke.

Wie oft habe ich es erlebt, dass die Meinung des Regisseurs vom Kunden eher akzeptiert wird als die von der Agentur. Das darf doch nicht sein, oder?

Aber um dieses Standing zu erreichen, bedarf es eines Fundaments. Einer Basis. Denn nur aus dieser Ebene entsteht nachhaltig Qualität. Egal in welchem Bereich. Ich bin damals vor mehr als 20 Jahren mit vielen Meistern auf Agenturseite groß geworden. Ich brauche an dieser Stelle keine Namen zu nennen, denn wir kennen sie wahrscheinlich alle. Und für und mit diesen Menschen zu arbeiten, war eine reine Freude. Natürlich gab es Reibung und unterschiedliche Meinungen. Aber sie waren fundiert und -wie schon erwähnt- auf Augenhöhe. Und nicht getrieben durch Angst und Unsicherheit. Denn das sind bekanntlich die zwei schlechtesten Ratgeber.

Es mangelt heutzutage oft an Meistern, die den Nachwuchs mit Selbstbewusstsein, Wissen, politischem Gespür, Erziehung und Überzeugungskraft versorgen. Und ihnen nebenbei erläutern, wie sehr man die Intensität und Wichtigkeit des eigenen Bauchgefühls nicht unterschätzen sollte. Der Meister an sich muss nicht am Set stehen und drei Tage durch die Kamera gucken. Er muss auch nicht den Schnitt abnehmen. Er muss seine Mitarbeiter nur dahin führen, dass sie in eigener Verantwortung und ohne Angst im Nacken handeln können. Denn spätestens dann entscheidet sich, ob der auserwählte Nachwuchs langfristig ein potentieller, neuer Meister werden kann. Einen, den wir dringend brauchen ...

Florian Beisert
Managing Partner MARKENFILM

VOLLGAS VORAUS

Meine fünf Punkte für erfolgreiches internationales Management.

Mein Partner Oliver Voss und ich hatten uns 2002 zum illegalen Gumball-Race quer durch die USA angemeldet. Wir haben die Eröffnungsfeier besucht, dort gemerkt, dass für uns zu viele vom falschen Schlag am Start waren, sind dann spontan nach Miami abgebogen und suchten die Führungsmannschaft der Miami Ad School auf. Noch in derselben Woche entwickelten wir mit ihnen zusammen die Idee, die Miami Ad School in Europa zu eröffnen. Was wir nur drei Monate später dann auch taten.

Warum ich das erzähle?
Weil es für mich alle Grundsätze enthält, die modernes, internationales Management braucht.

1. Da sein.
Management by walking around hiess es im 80er Jahre Bestseller „Auf der Suche nach Spitzenleistungen". Heute ist es „Management by flying around": Du musst vor Ort sein, um zu gestalten. Die Partner müssen Dich sehen und spüren, nur dann stehen sie hinter Dir.

2. Spontan und schnell sein.

Bei Samual Beckett hiess es: „Fail better." Das Silicon Valley hat draus gemacht: „Fail faster." Es gilt, sofort das Steuer herumzureißen, wenn etwas keine Freude oder keinen Erfolg bringt. Beim Gumball abbiegen, bei der Miami Ad School landen. Nur den Wegen folgen, die nach vorn losgehen. Alles andere im Rückspiegel zurücklassen und nicht darüber grübeln, warum es nicht funktioniert hat. Genug Chancen liegen da, wo vorn ist.

3. Sich von Idioten fernhalten.

Idioten gibt es überall. Wenn man international unterwegs ist, potenziert sich ihr Erscheinen. Und wie heißt es so schön: Lass Dich nicht mit ihnen ein. Sie ziehen Dich auf ihr Niveau und schlagen Dich mit Erfahrung. Diesen Energieverlust sofort unterbinden. Am besten noch im Gespräch aufstehen und gehen.

4. Dem Zufall vertrauen.

Viel zu viele setzen auf klare Planungen – am besten bis zum Tag der Beerdigung. Aber wie John Lennon wusste, passiert das Leben, während Du gerade anderes planst. Akzeptiere den Zufall als Freund, der Dir Wege zeigen wird, von denen Du heute noch nichts ahnst. Und lass das Leben kommen. Sieh es als Spiel. Als Spiel, das heute auf allen Kontinenten gleich gespielt wird. Nutze die Möglichkeiten der ganzen Welt – und auch von Wanne-Eickel. Denn bei aller Globalisierung liegt die Lösung manchmal auch ganz nah. Womit wir beim letzten Punkt wären:

5. Das ganze Globale entmystifizieren.

Schon die Römer organisierten ihre Welt – ohne Skype und Email. Und von ihnen stammt das Sprichwort: Die Welt ist ein Dorf. Daran hat sich nichts geändert. Trotz Internationalität gelten dieselben Management-Regeln überall. Und über Jahrtausende waren immer dieselben Typen erfolgreich: Typen mit Mut, Könnerschaft, Durchhaltevermögen, Neugier, Haltung und einem klaren, einfachen Ziel.

Unser Ziel war damals die Miami Ad School. Und wie erfolgreich man ist, wenn man nach diesen einfachen Regeln spielt, zeigt mir unser Erfolg an der inzwischen 13 Jahre alten Miami Ad School in Hamburg: Wir sind inzwischen mehrfach als beste Werbeschule der Welt ausgezeichnet worden, haben eine Filiale in Berlin eröffnet und schicken unsere Schüler im zweiten Ausbildungsjahr rund um den Globus – von New York über Tokyo bis nach Buenos Aires – in die großen weltweiten Agenturnetzwerke.

Niklas Frings-Rupp
Managing Director und Co-Gründer Miami Ad School Europe

DAS TEAM SIND WIR

Warum Nähe zum Kunden statt Nahkampf wichtig ist.

Für den Erfolg einer Kampagne oder einer tollen Marketingidee sind aus meiner Sicht immer beide Partner verantwortlich: DER Kunde und DIE Agentur. Ja, das liest sich sehr pauschal und dennoch zeigen die Praxis und die Erfahrung, dass der einfache Teamgedanke, mit klaren Zuständigkeiten, mit gemeinsamer Definition, wer was am besten kann, der erfolgreichste ist.

Und deshalb ist die Erwartung der Brandmanager oder Marketingleiter an die Agenturführung: Sucht die Nähe, den Austausch, die konstruktive Auseinandersetzung aktiv mit uns! Wir wollen keine „Agenturtypen", die nur bei hohen Budgets aktiv werden; die in Meetings nur auftauchen, wenn es hakt; die den eigenen Kreativen vor uns in den Rücken fallen, nur um es uns recht zu machen.

Der persönliche Erfahrungsaustausch ist wichtig und schafft Nähe. Ein besseres Kennenlernen sorgt im besten Fall für Respekt und eine langlebige und erfolgreiche Partnerschaft. Eine gute Basis, um Niederlagen zu verkraften und Siege gemeinsam zu feiern.

Vivian Hecker
Leiterin Marketing und Events Hamburger Abendblatt

MENSCHEN DIRIGIEREN

Warum gute Führung nichts mit Macht zu tun hat.

Vor Dir eine schwarz-weiße Wand aus hundertzwanzig Sängern. Dunkle Anzüge, lange Kleider, hundertzwanzig Cover von Bachs Johannes-Passion. Zu Deinen Füßen drei Dutzend Musiker, halb in das Licht ihrer Pultlampen getaucht. Bögen kratzen noch einmal über Bratschen-Saiten, Trompeten blasen Kondenswasser aus, der Cembalist reibt sich verstohlen die Hände an der Hose. Hinter Dir schwirrt und wispert die vielhundertköpfige Menge wie ein sehr gut erzogenes Fußballstadion vor dem Elfmeter.

Dann hebst Du die Arme und für volle zwei Sekunden ist niemand im Saal, der atmen kann oder will. Deine linke Hand schlägt zwei kaum sichtbare, weiche Bögen. Hundertfünfzig Augenpaare folgen der Bewegung, das Tempo steht.

Noch müssen die Sänger schweigen, noch staut sich alles in ihnen auf, aber der Damm, er bekommt Risse und Du weißt es, spürst es, genießt es. Noch nicht! sagt Deine rechte Schulter zum Chor, während Du Dich zum Orchester beugst, noch nicht! Denn es sind die Violinen, die als erste durch einen einzigen, federnden Impuls Deiner Arme von der Leine gelassen werden. Und sie wirbeln los, strömen fiebrig über den Kontrabass wie Quecksilber. Nur einen halben Herzschlag später die Oboen, aus dem Nichts, schmerzhaft verschlungen in scharfe

Dissonanzen. Leid und Todesahnung, achtzehn Takte lang. Erst dann siehst Du auf, siehst in hundertzwanzig gebannte Gesichter, siehst das Endlich! in ihren Augen und mit einer Geste, kaum größer als das Heben eines Glases, lässt Du den ersten Chor-Akkord explodieren: „Herr!"

Dirigieren ist Glück. Ist Macht. Ist die vielleicht absoluteste Form von Herrschaft außerhalb Nordkoreas. Ein fast unsichtbarer Impuls des kleinen Fingers, ein Aufrichten des Oberkörpers, ein Blick – und der Raum füllt sich mit Musik.

Bis, irgendwann, etwas schief geht.

Nicht zum ersten Mal, natürlich nicht. Aber dieses Mal, zum ersten Mal, erkennst Du plötzlich, dass der verhaspelte Einsatz der Streicher, das Schleppen der Tenöre, das unsaubere hohe G im Sopran nicht der Fehler der Musiker war.
Sondern Deiner.
Dir wird ohne den Hauch eines Zweifels klar: Du hast die Streicher nicht rechtzeitig gesammelt, Du hast den Tenören keinen klaren Fluss gegeben, Du hast, und hier wird es schmerzhaft, die Soprane an ihrer schwierigsten Stelle nicht mit jeder Faser Deines Körpers über ihre eigenen Grenzen hinausgetragen.
Die Musiker wissen das nicht, Gott sei dank, und Du verrätst es ihnen nicht. Aber die Klarheit dieses Moments brennt sich in Dir ein: Das warst alles Du. Alles.

Und plötzlich wird aus absoluter Herrschaft absolute Verantwortung. Plötzlich geht es nicht mehr um Deine Macht, sondern um euren gemeinsamen, wahnwitzigen Tanz, um uncoole Wörter wie Respekt und Demut. Plötzlich, in diesen hundertzwanzig Minuten zwischen Eingangschor und Schlussakkord, diesem rauschhaften Jetzt-oder-Nie lautet die Frage nicht mehr: wie heftig wird der Applaus? Sondern: habe ich sie gut geführt?

Spannende Frage, das.
Vier Lektionen, die ich am Dirigenten-Pult gelernt habe:

1. Alle sind besser als Du

Eigentlich sind Dirigent und Agenturchef absurde Berufe. Der eine ist der einzige Musiker im Saal, der keine Töne produziert, der andere der einzige Werber im Konfi, der im Zweifel nicht mal die Idee für den Regalwobbler hatte. Und das ist auch gut so. Denn wenn alles richtig gelaufen ist, ist jeder Musiker oder Werber im Team in seinem Spezialgebiet besser als der Mensch, der vorne steht. Sehr viel besser.
Damit kann man auf zwei Arten klar kommen.
Sehr beliebt: Es alles als seine eigene Idee bzw. Musik ausgeben. Wie das bei Dirigenten aussieht, weiß man: leidenschaftliche Gesten, dramatische Mimik, ein Regen silberner Schweißtröpfchen bei jedem herrischen Schwenk der Mähne.
Als Agenturboss reicht schon das gönnerhafte Reingrätschen in die Präsentation.
Fühlt sich prima an, solange man nicht in die Gesichter des Teams

guckt. Vielleicht drehen Dirigenten deshalb bei der Entgegennahme des Applauses dem Chor den Rücken zu…

Man kann natürlich, Variante zwei, auch einfach seine Leute lieben für all das, was sie geleistet haben – und sie glänzen lassen. Macht Sinn, die sind sowieso alle besser als man selbst.

2. Leise ist lauter

Wenn der Chor doppelt so groß, der Kundenauftrag doppelt so wichtig oder lukrativ wie normal ist, dann führen wir sehr gern auch mal doppelt so „laut" wie normal. Das Problem daran sind nicht die lahmen Arme ab dem zweiten „Kyrie" oder die rauen Stimmbänder nach der vierten, liebevoll zusammengezimmerten Motivationsrede. Das Problem ist, dass unser ganzes Gefuchtel und Gerede immer schneller immer weniger bewegt.

Es ist wie mit allem: Viel hilft viel – aber nur sehr kurz. Die Liste der schlechten Beispiele ist so lang wie ernüchternd: Antibiotika, Chateauneuf du Pape, Hypothekenkredite und Transformers I-IV, um nur einige zu nennen.

Der eigentliche Trick ist, grundsätzlich und gewohnheitsmäßig leise zu sein. Dafur sprechen zwei Gründe. Erstens: Wenn man dann wirklich mal laut wird, passiert auch wirklich was. Zweitens: Man muss gar nicht mehr laut werden.

Wer einmal erleben durfte, wie ein knorriger, „Nil" kettenrauchender Chorleiter zweihundert Sänger mit nichts – wirklich: absolut nichts – außer seinem linken (vorletzter Akkord) und rechten (letzter Akkord) kleinen Finger durch das Ende einer großen Motette gewuchtet hat, ohne dass irgendjemand in der akustischen Unendlichkeit des gotischen Domes mehr als eine Zehntelsekunde abgewichen wäre, weiß, was gemeint ist.

3. Liebe den Schwarzer Peter

„Das Briefing", „Das Timing", Das Budget": Auf den Agentur-Altären der akzeptierten Ausreden für schlechte Ergebnisse stehen diese drei Halbgötter ganz weit vorn. Denn im Fog-of-War der Kampagnen-Entwicklung übersehen wir leicht, was am Dirigentenpult so offensichtlich ist:

Wir selbst sind es, die all das prägen, formen, beeinflussen, was unser Team produziert. Wirklich alles. Auch die Fehler.

Zumindest ist es schlau, so radikal zu denken. Denn dann können wir auch radikal anders führen: vorausschauender, demütiger, selbstkritischer. Dann können wir versuchen, Fehler zu verhindern, bevor sie überhaupt entstehen.

Im Brahms Requiem gibt es im 2. Satz einen Übergang von solcher Komplexität, ich habe für diese zwei Takte Musik ein halbes Dutzend Nachhilfestunden bei meiner alten Professorin genommen. Die Chorsänger wusste nichts davon und haben nie gemerkt, dass diese Stelle eigentlich zu schwierig für mich - und für sie - war.

Hilfe holen? Klar, musste da das Ego kurz mal schlucken. Aber was wäre die Alternative? Hinterher andere, im Zweifel die eigenen Leute (oder, noch lustiger: Brahms!) als Ausrede benutzen?

Auf Harry S. Trumans Schreibtisch im Weißen Haus stand ein Schild mit der Aufschrift: „Hier ist Endstation für den Schwarzen Peter". Das ist unsere Jobdescription.

4 Hier waren wir noch nie

Das „Halleluja" aus Händels Messias gibt es in so vielen fantastischen Versionen, eigentlich konnten wir gegen die Übermacht der Gardiners, Richters und Hogwoods in den Gehörgängen unseres Publikums nur verlieren. Und haben aus Trotz einfach ein halbes Jahr lang eine Stimmtrainerin immer wieder jeden einzelnen Sänger coachen lassen.

Es wurde das erste Konzert, in dem unser Publikum stehend eine Zugabe verlangte.

Aber die wichtigste Währung am Pult ist gar nicht der Schlussapplaus, nicht die Lautstärke der „Zugabe!"-Rufe.

Die mit Abstand wichtigste Währung ist, ob die Sänger nach der letzten Verbeugung dieses seltene, selige Leuchten im Gesicht haben, das sagt: So gut haben wir noch nie gesungen. Hier waren wir noch nie.

Das ist das eigentliche Ziel von Führung.

Dieser Moment, wenn am Morgen des Pitches die fertige Präsentation ans Team geschickt wird und irgendjemand halblaut murmelt: „Die wären ja schön blöd, wenn sie das nicht nehmen würden ...".

Beides sind kostbare Augenblicke, denn nicht jeder Pitch kann gewonnen werden, nicht jedes Konzert endet in Beifallsstürmen.

Und wenn dann der Saal tatsächlich nur halbvoll war, der Pitch verloren ging, der Kunde wieder nur die Standardlösung wollte, dann hat man wenigstens die erträglichste aller Niederlagen erlitten: die „Fuck you, wir waren groß!"-Niederlage.

Denn was bleibt am Ende? Kunden und Etats (und Konzerte) kommen und gehen. Das Team aber, das an ihnen über sich hinausgewachsen ist, bleibt.

Und wird beim nächsten Mal noch Größeres liefern.

Vor Dir eine schwarz-weiße Wand aus Marketingleuten und Produktmanagern. Business-Anzüge, angesagte Krawatten, hier und da ein Kostüm und halbherzig verdeckte iPhones. Der Beamer läuft, die Gruppe raschelt dezent, erwartungsvoll die einen, mit verschränkten Armen die anderen.

Du richtest Dich auf, siehst in die Runde und holst Luft.

Und wenn Du in den letzten Wochen mit Deinen Leuten keine Macht-Spiele gespielt, sondern diesen wahnwitzigen Tanz getanzt hast zwischen das-Team-vorantreiben und den-schwarzen-Peter-annehmen, zwischen ihr-könnt-das-besser-als-ich und da-gehts-lang, dann wird dieser Termin hier vielleicht nicht mit einer Standing Ovation enden – aber ein neuer Etat ist ja auch was Schönes.

Michael Matthiass
Storycoach, Kreativtrainer, Autor und Dirigent

WHO THE F***?

Wer ist der beste Agenturführungsnachwuchs und warum?

Wer oder was?

Bevor man weiss, wen man sucht, muss man wissen, was man sucht. Klingt einfacher als es ist.

Die entscheidenden Fragen sind:

Was sind die Anforderungen für den idealen Nachwuchs?

Was sind die Kriterien für die Führungskräfte von morgen?

Wie wichtig sind die neuen Soft Skills?

Was bedeutet der Organisatorische Wandel für die Qualitäten, die eine Führungskraft mitbringen muss?

Der organisatorische Wandel betrifft alle Formen von Organisationen in Wirtschaft und Gesellschaft. „Unter dem Stichwort ‚die lernende Organisation' wurden und werden in Unternehmen, Verwaltungssystemen und sozialen Dienstleistungseinrichtungen umfassende Wandlungsprozesse eingeleitet." (Zitat Astrid Schreyoegg).

Auf unsere Branche übersetzt heißt das, die Transformation in der

Kommunikation bringt eine Umgestaltung der Organisationsform der Unternehmen mit sich und damit ein Umdenken in der Führung der Beitragenden. Im Klartext: Der Chef muss nicht alles können, aber er muss alles steuern können.

Was bedeutet Steuern in diesem Fall?
Das vielzitierte Vernetzen der einzelnen Disziplinen, das Orchestrieren unterschiedlicher Arbeitsweisen, das Harmonisieren individueller Auffassungen?
Ist der moderne Führer eigentlich ein Networker?
Wenn es nur ums Vernetzen geht - braucht man einen Führer überhaupt noch?

Meine Thesen dazu:

1. Es gibt Führer. Und es gibt Follower.
Demokratie ist der Feind von Kreativität. Der ideale kreative Führer ist eine Mischung aus Diktator und Teamspieler. Ein freundlicher Diktator. Wenn eine Idee entsteht, muss man dem Team seinen Willen aufzwängen- neutraler formuliert: auf eine Vision einschwören. Eine Idee ist kein Gruppenerzeugnis. Einer muss die Vision haben, sie durchtragen und beschützen. Dann, ab einem gewissen Punkt beginnt das Kollaborieren.

Ein grundlegendes Missverständnis in unser Branche ist, zu glauben, dass man nur sechs Leute aus verschiedenen Disziplinen zusammensetzen muss, dann werden die Ideen besser. Solche Aussagen kommen meistens von Leuten, die von Beruf keine Ideen haben. Von Managern, deren Fokus Prozessoptimierung ist. Gruppenideen sind in sich dysfunktional. Es gibt immer nur einen, der eine Idee haben kann. Und andere, die ihre Qualität erkennen bzw. „liken". Die beste zu identifizieren, auszuwählen und zur Umsetzung zu bringen, ist Aufgabe des Führers. Fazit: Auch in der modernen multidisziplinären Kollaboration heißt „Führen" immer noch „Führen". Und nicht „Alle dürfen mitreden".

2. Jack of all trades but a master of none.

Gerade weil es so viele neue Kommunikationsdisziplinen gibt, neigt man dazu, Leute interessant zu finden, die von allem ein bisschen mitbringen. Wenn man aber erst mal mit ihnen arbeitet, fällt auf, dass der, der alles ein bisschen kann, nichts richtig kann. Andererseits ist jemand, der in einem Gebiet Experte ist, oft in der Lage, auch in anderen Disziplinen Qualität zu erkennen. Der ideale Führer kann also etwas richtig gut und respektiert Expertentum in anderen Bereichen. Das kann in unserer Branche Konzept, Strategie sein oder Creative Craft.

3. Nativ? Lieber Naiv!

Digital Natives und Digital Immigrants-Nomenklaturen, die nichts aussagen. Es gibt digital natives, die alles andere als digital sind und immigrants die all-digital sind. Das Geburtsdatum ist also völlig wurscht. Wichtig ist, dass die kindliche Neugier, das naive Staunen, der Entdeckerwille bei Führungskräften vorhanden ist. Nur wer das hat, wird in seinen Teams das Neue fördern und fordern: das Ungesehene, das Ungedachte, das Ungewagte.

Dazu noch eine Beobachtung:

4. Mut wächst mit dem Alter.

Wenn man an Hochschulen unterrichtet, ist die erste erschreckende Erfahrung immer die, dass gerade junge Studenten unwahrscheinlich normgerecht denken und handeln. Mit langweiligen, weil herkömmlichen und erwarteten Resultaten. Die größte Herausforderung ist, ihnen Mut zum Regelbruch beizubringen. Das kann Jahre dauern und manche lernen es nie. Eine gute Führungskraft hat Mut, manchmal bis zur Radikalität, und stellt sich bei jeder Entscheidung die Frage: Ist das neu gedacht, ist das neu gemacht?

5. No pain, no gain.

Die wichtigsten Anforderungen für neue Führungskräfte sind die alten: Fleiss, Disziplin, Antrieb. Die erfolgreichsten Führungskräfte sind immer noch die, die am härtesten arbeiten. Weil sie am meisten wissen und am meisten können. Weil die Arbeit durch Arbeit besser wird. Weil sie ihren Mitarbeitern Ansporn bieten, selber hart zu arbeiten und damit dem Unternehmen mehr zu bringen. Disziplin ist wichtig als haltgebendes Element in einer sich ständig neu definierenden Unternehmensstruktur- als verlässliches Rückgrat im floating business. Antrieb ist fast die wichtigste Eigenschaft- er ist der Motor allen Handelns- er gibt den Beat im

Unternehmen vor, er ist ansteckend für das Team. Wichtig dabei: nicht verkrampfen.

6. Mensch sein.
Eins der wesentlichen Dinge, die moderne Führer von den gestrigen unterscheidet, ist die Menschlichkeit. Die eigene Menschlichkeit: Fehler machen und zugeben, ohne an Respekt in der Mannschaft zu verlieren. Und die Menschlichkeit in der Führung der Mitarbeiter: Auf Individuen und ihre Bedürfnisse empathisch eingehen, mit Nachsicht und Wärme - das ist kein Zeichen der Schwäche mehr, sondern eher eine erwünschte Stärke.

Dörte Spengler-Ahrens
Geschäftsführerin Kreation Jung von Matt/ Elbe und im Vorstand des Art Directors Club für Deutschland (ADC) e.V.
verantwortlich für Kongresse, Seminare und Nachwuchs

HIER STEHE ICH, ICH KANN NICHT ANDERS

Was einen Führer erfolgreich macht.

Wer Menschen führen will, muss zuallererst einmal eines wissen: wohin!!! Denn auf dem falschen Weg kommt selbst der schnellste Läufer nicht ans Ziel. Und das Ziel darf nicht irgendeines sein, sondern es muss aus innerer Überzeugung heraus ausgerufen werden, so wie es Luther mit seinem Satz gemacht hat: „Hier stehe ich, ich kann nicht anders".

Darum geht das Führen einer Agentur ganz leicht, wenn man genau vor Augen hat, wie eben diese Agentur aussehen und gelebt werden soll.

Weiß man das, geht es ja nur noch darum, den Traum, das Kopfkino Wirklichkeit werden zu lassen. Je konsequenter das geschieht, desto wirksamer, weil dann allen klar ist, wofür die Agentur steht.

Hilfreich ist es, Verhaltensregeln festzulegen, die jeder versteht, wie damals als Arbeitsphilosophie die 3E bei Springer & Jacoby (einfach, einfallsreich, exakt). Dazu braucht man Messgrößen, die keine Nebelkerzen sind wie z.B. die 4K: Stimmt das Produkt, also die Kreativität, stimmt die Kultur, also das Miteinander der Menschen in der Agentur als auch zum Kunden hin, so stimmt automatisch die Kundenzufriedenheit und noch automatischer die Kasse, als mitlaufende Größe.

Alles, was schon in den 1980er Jahren gültig war, ist heute noch mehr gültig. Zum einen, weil heutzutage die Sonne der Kultur niedrig steht und darum selbst Zwerge lange Schatten werfen, aber vor allem, weil der Mensch sich nicht ändert - zumindest nicht in unserer kleinen Lebensspanne - selbst, wenn man über mehrere Generationen hinweg denkt.

Welcher Typ aus den genannten Zehn wird dem Anspruch einer erfolgreichen Führung am gerechtesten? Ganz einfach: derjenige, der die richtige Mischung aus allen Eigenschaften der Zehn bietet, weiß alle Stellschrauben des Erfolges zu erkennen und zu bedienen. Und ist eine Eigenschaft nicht ausreichend stark ausgeprägt, so hat er sie aber wenigstens im Auge und weiß, wie sie zu ergänzen oder auszugleichen ist.

Wer eine „Leuchtturm-Agentur" werden will, muss nichts weiter tun, als zu verstehen, dass das, was ich oben gesagt habe, alles ist um eine Agentur, aber auch jede andere Firma, erfolgreich führen zu können. Womit aber noch nichts zum Wohin gesagt ist. Das richtet sich, vor allem was die Oberfläche angeht, nach dem Zeitgeist.

Im Kern aber hat immer die größte Attraktivität, was die Menschen in ihrer Karriere und in ihrer Persönlichkeit weiter bringt. Wer das auf seine Fahne schreibt, dem werden die Menschen mit Freude und in Scharen folgen.

Reinhard Springer
Gründer von Springer & Jacoby

FÜHRUNG BEDEUTET BERÜHRUNG

Wie man magische Momente kreiert.

Wie bekommt ein Trainer seine Mannschaft zum Laufen? Zum Angreifen? Zum Tore schießen? Zum Siegen? Wie vermittelt er seine taktischen Vorstellungen? Wie bekommt er seine Spieler in die bestmögliche körperliche Verfassung? Was lässt er sie essen, um die Leistungsfähigkeit zu erhöhen? Unterm Strich: Wie haut er die Bayern weg?

Antworten auf all die Fragen hat er von verschiedensten Experten und Spezialisten beim Fußballlehrerlehrgang bekommen. Danach steht er dann da mit dem Basiswissen und seinem Schein in der Tasche. Angeblich optimal auf seine Führungsaufgaben vorbereitet. Fertig ausgebildet. Graduiert wenn man so will. Und soll jetzt Mannschaften zu Titeln verhelfen oder sie vor dem Abstieg retten.

Nur mit dem Basiswissen holt niemand Titel, nur mit dem Basiswissen steigst du ab.

Eine knackige Videoanalyse, die die Schwächen des kommenden Gegners aufdeckt, bekommen sie heute alle hin. Mittlerweile haben auch die meisten Fußballlehrer kurz bei Basketball- oder Hockeytrainern abgeguckt oder selbst mal drei Monate auf Kohlehydrate verzichtet. Mit flachem Bauch, Windows-Kenntnissen und deinem Schein setzt du dich als Trainer im Fußballgeschäft längst nicht mehr von deinen Kollegen ab.

Nur mit dem Basiswissen führst du keine Fußballmannschaft. Auch keine Mitarbeiter. Was in der Werbung Abseits ist, könnt ihr alle erklären. Ihr seid graduiert durch die erste gute Kampagne. Wie die Trainer durch ihren Schein oder einen kurzfristigen Erfolg.

Wie führt ihr eure Mannschaft zum Erfolg? Nicht zum Sieg gegen die Bayern, aber vielleicht zum „Effie"? Wie werdet ihr eine echte Einheit? Wie vermittelt ihr ein Gefühl von Zugehörigkeit? Wie motiviert ihr eure Leute? Euren Screen-Designer, euren Strategen oder eure Teamassistentin?

Als Bruno Labbadia den HSV im April 2015 als Trainer übernahm, hatte sein Stürmer Lasogga wochenlang nicht getroffen. Null Tore, null Hoffnung auf den Klassenerhalt. Der HSV vor dem Abgrund. Bruno zeigte Lasogga nicht Videos von früheren Treffern, lies ihn nach dem Training nicht noch allein aufs Tor ballern. Probierte auch nicht, ihm stundenlang Laufwege zu erklären. Was er mit seinem Basiswissen und seinen Erfahrungen gekonnt hätte. Bruno klingelte morgens um 7 Uhr bei seinem Stürmer an der Haustür und holte ihn zum Alsterlauf ab. Die beiden unterhielten sich zwei Stunden. Bruno wollte alles über Pierre wissen. Was er denkt, was er fühlt, was ihm fehlt.

Um jemanden führen zu können, musst du ihn kennen. Ihm zeigen, dass du dich wirklich für ihn interessierst. Du musst dich mit ihm verbinden. Etwas von dir in ihm verankern.

Im nächsten Heimspiel explodierte Lasogga. Zwei Tore beim 3:2-Sieg gegen Augsburg. Der Stürmer trifft bis heute. Bruno hält die Verbindung. Das ist ihm wichtiger als Torschusstraining.

Das Abstiegsgespenst blieb. Bis zum letzten Spieltag. Sieg gegen Schalke - oder erstmaliger Absturz in die Zweite Liga. Das Horror-Szenario. Schwer in Worte zu fassen. Aber mit fünf Buchstaben groß ins Gesicht eines jeden Spielers geschrieben: ANGST. Angst vor dem Versagen. Angst vor der Schande. Angst davor, aus dem Stadion und der Stadt gejagt zu werden. Wie gehst du als Trainer mit so einer Situation um? Es gab keinen Kurs dazu. Du musst dich in deine Spieler hineinfühlen können, dich mit ihnen verbinden. Es geht immer wieder um Verbindungen. „Ich habe auch Angst", sagte Bruno ihnen ganz offen. „Ich habe Angst davor, dass meine Familie angefeindet wird. Dass wir aus Hamburg weg müssen, wenn es schief geht." Wenn Menschen

Angst haben, rücken sie näher zusammen. „Wir machen nichts mehr allein, niemand ist auch nur eine Minute allein. Wir teilen unsere Ängste und gehen da gemeinsam durch."

Er ließ ein riesiges Feuer entzünden, an dem sich alle versammelten. Spieler, Trainer, Betreuer. Jeder warf einen Holzscheit hinein und mit ihm die quälenden Gedanken. Ein magischer Moment. Später wurde rund ums Feuer zusammen gesungen und Bier getrunken. Jeder stimmte ein Lied aus seiner Heimat an. Niemals hätte Bruno durch eine Trainingseinheit einen ähnlichen Effekt erzielen und die Spieler in ihren Ängsten besser miteinander verbinden können. In den Herzen brennt dieses Feuer bis heute. Später wurde vom „Geist von Malente" gesprochen. Er entstand an diesem Abend. An diesem Feuer. Der HSV spielt seine 53. Bundesliga-Saison.

Führung bedeutet Berührung. Auch in der Werbung. Überall. Ihr könnt euch selbst testen: Kommuniziert ihr gut und direkt? Interessiert ihr euch für die Themen und Ängste eurer Mitarbeiter? Gebt ihr zu erkennen, dass ihr euch auch ständig hinterfragt und überprüft in eurem Wirken? Bringt ihr allen die nötige Wertschätzung entgegen? Denn nur dann – nur wenn jemand sich grundsätzlich wertgeschätzt fühlt als Mensch und in seinem Handeln – wird er das Beste aus sich herausholen können und gleichzeitig kritikfähig bleiben. Fühlt er sich bedeutungslos und nicht gesehen, habt ihr nur noch wenig von ihm zu erwarten.

Nicht nur Typ sein, auch Mensch. Seid euch sicher: Eure beste Idee hilft euch nicht, wenn ihr es verpasst, eurem Junior-Texter zum Geburtstag zu gratulieren.

Jörn Wolf
Medien-Direktor des HSV

TYPEN UND PROTOTYPEN

Was Kunden von Agenturen erwarten.

Die ersten zehn Jahre meiner Karriere habe ich in Agenturen verbracht. In dieser Zeit hatte ich die Gelegenheit, mit vielen außergewöhnlichen „Typen" zu arbeiten und von ihnen zu lernen – was sie antreibt, wie sie agieren, was sie erfolgreich macht. Es war eine spannende und lehrreiche Zeit, auf die ich gerne zurückblicke.

Vor einem halben Jahr bin ich auf Kundenseite gewechselt, um für Audi das Thema „digitale Transformation" voranzutreiben. In Zeiten der Elektrifizierung, Digitalisierung und Autonomisierung von Fahrzeugen sowie der Entstehung grundlegend neuer Mobilitätskonzepte wollte ich den radikalen Wandel dieser Branche nicht länger nur begleiten, sondern mich selbst hinters Steuer setzen.

Dieser Wechsel ist nicht nur inhaltlich spannend. Er ist vor allem die Gelegenheit, die Agentur-Kunde-Beziehung aus der entgegengesetzten Perspektive zu erleben und damit die persönlichen Erfahrungen der letzten Dekade noch einmal neu zu bewerten. Mit Bezug auf die vorgestellten Typen möchte ich mit diesem Beitrag eine Antwort auf die Frage geben „Welche Erwartungen haben Kunden an die Agenturführung?".

Wichtig vorab: Genauso wenig wie es „die Agentur" gibt, gibt es „den Kunden." Je nach Branche, Herausforderung und Tätigkeitsfeld gibt es sehr unterschiedliche Anforderungen und Erwartungen, die Kunden an Agenturen stellen - und umgekehrt. Dennoch gibt es insbesondere mit Bezug auf die Digitalisierung gewisse Eigenschaften, die unerlässlich sind, um die Zusammenarbeit zum Erfolg zu führen.

Fünf der zehn Typen sind aus meiner persönlichen Sicht besonders wertvoll, um an der Schnittstelle von Nutzer, Business und Technologie mehrwertstiftende, skalierbare Lösungen zu entwickeln: der Meister, der Denker, der Kunden-Flüsterer, der Integrator und der Kümmerer.

Der Meister, weil er die Exzellenz in Kreation und Code sichert - und alles dafür gibt, dass herausragende Ideen auch tatsächlich das Licht der Welt erblicken und die bestmögliche Nutzererfahrung bieten.

Der Denker, weil er das strategische Framework und die Nutzerorientierung im Blick behält - und so sicherstellt, dass jede vorgestellte Lösung auf die Ziele und das Business seines Kunden einzahlt.

Der Kunden-Flüsterer, weil er als enger Sparrings-Partner dabei hilft, die alltäglichen Herausforderungen zu meistern. Er steht seinem Kunden jeder Zeit mit wertvollem Rat zur Seite.

Der Integrator, weil er interdisziplinäres Arbeiten fördert und mit Empathie die unterschiedlichen Kompetenzen auf Agentur- und Kundenseite aufeinander abstimmt. Er achtet auf Vielfalt und verhindert trotzdem das Chaos.

Der Kümmerer, weil er die nötige Verbindlichkeit herstellt. Er lässt seinen Kunden in herausfordernden Situationen nicht alleine, sondern findet Lösungen.

Jeder Kunde hätte am liebsten alle fünf: den Meister, den Denker, den Kunden-Flüsterer, den Integrator und den Kümmerer. Am besten noch exklusiv für sich und seine Marke. Auch wenn das so nicht immer funktioniert, erwarten Kunden von Führungs-Typen und ihrer Mannschaft heute die maximale Hingabe und Fokussierung, ein hohes Tempo bei der Umsetzung sowie die dafür notwendige Skalierbarkeit von Team und Technik.

Und gern darf ihnen auch ein ganz spezieller Typ häufiger begegnen: der Prototyp. Statt Kunden in hunderten von Charts zu ertränken, ist der Prototyp die Abkürzung zur schnellen Umsetzung einer Idee. Denn er demonstriert anschaulich, wie sich die Lösung für Nutzer anfühlt, wie die Technik funktioniert und wie sich alles in das bestehende Ökosystem einfügt.

Kunden erwarten eine sehr spezielle Art von Profis: Querdenker, Nerds und Freaks. Typen, die bis heute nur schwer in die Maßanzüge deutscher Konzernetagen passen. Der entsprechende Kulturwandel in den großen Industrieunternehmen benötigt Zeit. Zeit, die in vielen Branchen leider bereits fehlt. Denn digitale Player knöpfen sich eine Industrie nach der anderen vor und stellen sie mit ihren neuen Möglichkeiten auf den Kopf.

Agenturen sind ein Biotop für Talente und damit ein Turbo für Unternehmen. Hauptaufgabe der Agenturführung ist es, all jene Köpfe für sich zu gewinnen, die ein Unternehmen selbst mit eigenen, kleinen Innovations-Hubs nicht überzeugen kann - und doch so dringend benötigt. In dieser Rolle bleiben Agenturen auch langfristig als Partner für große Unternehmen attraktiv.

Nils Wollny
Head of Digital Business, AUDI AG

HERZLICHEN DANK AN DAS BUCH-TEAM

1)

2)

1) Anja Kruse-Anyaegbu / Projektmanagement New Business Verlag

Anja ist ebenso der TYP Meister ihres Fachs. Ihren Beruf hat sie von der Pike auf gelernt. Wie alle wahren Meister. Von Fotolabor über Postproduktion bis Merchandising - Anja kennt die Welt der Medien-Produktion. Heute verantwortet sie beim New Business Verlag das Projektmanagement von A bis Z für Fachzeitschriften, Corporate Publishing-Produkte und Fachbücher sowie Social Media-Kanäle.

2) Martina und Tim Belser / Studio Belser

Martina und Tim Belser sind die Gründer des Design-Meisterbetriebs Studio Belser. Martina und Tim sind die ProtoTYPEN des modernen Meisters: handwerklich perfekt, dabei offen, inspirierend, pragmatisch, schnell und kollaborativ. Beide reden nicht lange - sie begeistern einfach. Martina kommt aus der kreativen Bildbearbeitung und arbeitet seit über zehn Jahren für Agenturen, Fotografen und Postproduktionen. Tim begann im Jahr 2000 bei Aimaq·Rapp·Stolle in Berlin. 2004 war er in der Startmannschaft von kempertrautmann als Head of Design tätig. In 2007 - bereits hochdekoriert - gründete er zusammen mit kepertrautmann und zwei weiteren Partnern die Designagentur loved.

3)

4)

3) Sina Görtz / Studio Sina Görtz

Sina ist der TYP Sonnenschein. Kein Wunder, denn sie ist in Australien aufgewachsen und strahlt die ganze Zeit. Deshalb fühlen sich die Menschen vor Sina's Kamera von der ersten bis zur letzten Sekunde so wohl. Ihre Präzision und Disziplin hingegen sind deutsch - so wie ihr Reisepass. Nach dem Kommunikationsdesign Studium und Stationen bei Springer & Jacoby und Uwe Duettmann ist sie nun mehr seit 5 Jahren mit eigenem Studio in Hamburg als Portrait und Fashion Fotografin selbstständig - mit Produktionen in Los Angeles, Kapstadt und Europa.

4) Geraldine Schröder / Art-Buyer & Producer

Man sieht es Geraldine wirklich nicht an; aber sie ist tatsächlich seit vierzehn Jahren Art Buyer und Producer. Wer „Gerry" kennt, weiß, sie ist viel mehr als das. Sie ist der TYP Muse. Inspiriert und inspirierend. Interessiert und neugierig. Unterwegs in den sozialen Netzwerken und seit zwei Jahren als Freelancer. Für Mode, Auto, People und Still Shootings. Auch Geraldine's Karriere begann im Art-Buying bei Springer & Jacoby.

Herzlichen Dank für Ihr *feedback@wpk-strategy.com*